那古野今川家の興亡

那古野今川家の興亡　もくじ

はじめに

今川一族は三河国幡豆郡吉良荘を本貫とする吉良一族の分流で初代国氏が同郡今川荘（愛知県西尾市今川町）を領していたので「今川」氏を名乗るようになった。草創期の今川一族には「今川の川ばたの人々」と称される分家が存在しており、基氏の兄弟姉妹の血筋を中心に今川一門を構成していた。今川那古野氏とは国氏の次女の子から始まる家で父系に別氏族を持っていたが、母系が今川氏であったので、国氏嫡男基氏の養子となり今川一族となった。

今川氏惣領の座は基氏から範国に移り、本貫の地は三河国から駿河国・遠江国など東へと展開し、駿河今川氏・遠江今川氏へと枝分かれした。このことから今川那古野氏は「那古野今川氏」とも総称される。初期の構成一族である今川那古野氏・関口氏などは駿河今川氏（宗家）には直接依拠しない室町幕府奉公衆一番衆（将軍家直臣）として存在を確立させた。

今川那古野氏は尾張国愛知郡那古野荘（愛知県名古屋市）を本貫とし、今川関口氏は三河国宝飯郡関口郷長沢（同県豊川市長沢）を本貫として幕府政治に参与している。

在京奉公していた今川那古野氏は尾張国愛知郡に在国化し、尾張国で僅かながらに痕跡がうかがえる。本書は一次史料を基に地域伝承のような二次史料も参考に、同氏の事績を可能な限り辿った著述である。

氏戸 佳香

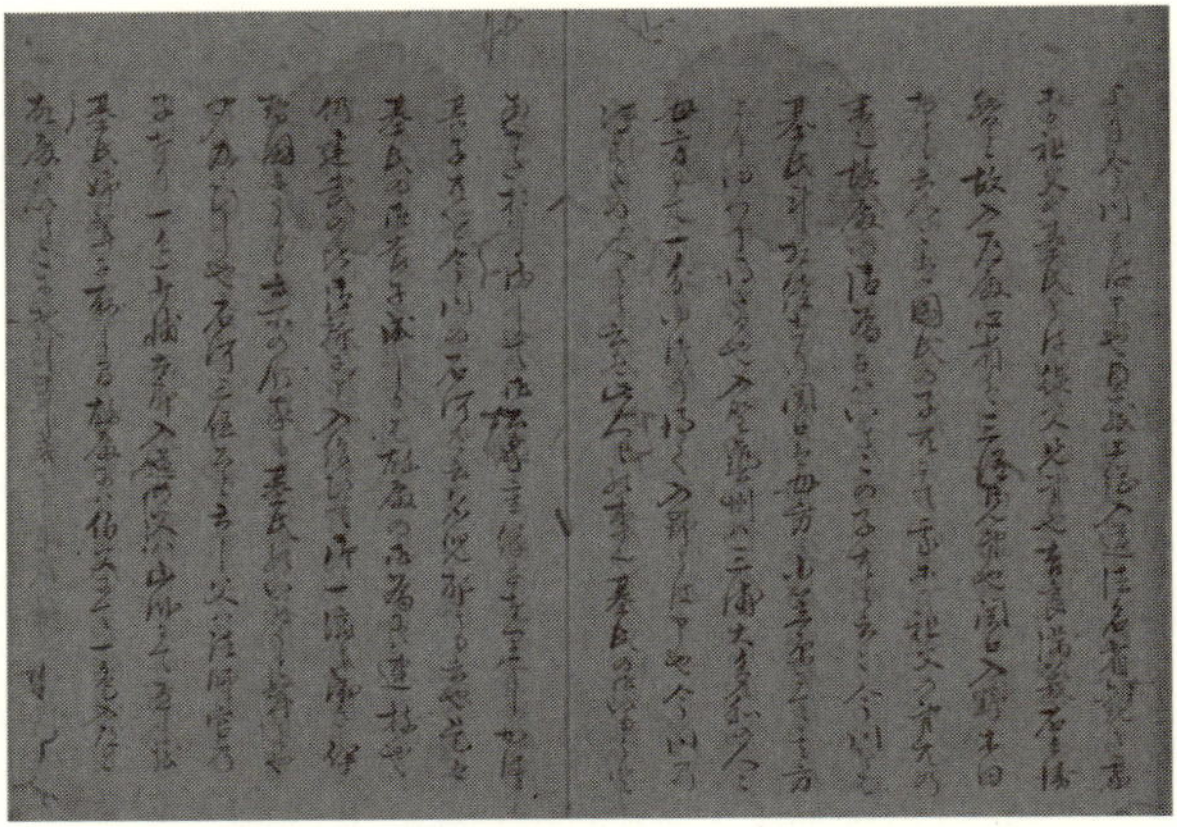

「今川那古野家由緒」（『難太平記』より抜粋）

京都大学附属図書館所蔵

基氏の御妹あまたおはしましてみな御公家重縁になりしかば、

（基氏には妹が余多居り、皆公家と重縁であった。）

其の子共を今川の石河共云、名児耶とも云や。是は

（その子供を今川の石河とも、那古野ともいう。是は、）

基氏の御養子なりしかば、範国の御為には兄弟成や。

（基氏の養子であったので、今川範国にとっては兄弟であった。）

仍建武の比、御所に申入給ひて、御一流と成さ。

（建武の頃に、足利尊氏に申し入れて「御一流」となった。）

序　これまでの研究と変遷

那古野今川氏《なごやいまがわし》に関する知見は『難太平記《なんたいへいき》』や『応永記《おうえいき》』など今川氏関連古記録の記述を除けば、江戸時代の天野信景《あまのさだかげ》の研究が代表的である。

天野を始め尾張藩《おわりはん》の国学者《こくがくしゃ》を中心に今川氏と那古野の関係性は研究されてきた。明治時代に入り活版技術《かっぱんぎじゅつ》が発達すると、出版物《しゅっぱんぶつ》刊行は増加《ぞうか》し、那古野の今川氏について指摘する本も少なからず登場する。

明治二十九年（一八九六）の服部誠一《はっとりせいいち》氏は水野書店発行『新撰記事論説作文軌範《さくぶんきはん》』で「桶狭間《おけはざま》の戦《たたか》い」の敗因を「織田氏《おだし》ノ猛勇《もうゆう》アリト雖《イエド》モ、今川氏豊《いまがわうじとよ》ニ桶狭間《おけはざま》ノ大敗《たいはい》ヲ取《とら》ンヤ、」と語っている。「桶狭間の戦い」の序章として氏豊の敗北が後々《のちのち》（駿河）今川氏の敗因《はいいん》に繋がっているという論調《ろんちょう》であった。

その後の大きなトピックとしては、明治四十三年（一九一〇）に『通俗《つうぞく》日本《にほん》戦史《せんし》桶狭間役《おけはざまのえき》』（厚生堂）が刊行されている。同書は「桶狭間の戦い」の起因の一つとして、今川氏の所領《しょりょう》である那古野を織田《おだ》弾正忠《だんじょうのじょう》家《け》が奪っているというバックボーンを指摘した。これを機に「桶狭間の戦い」の起因として那古野の今川氏豊の存在が挙《あ》げられるようになった。

昭和八年（一九三三）になると成蹊《せいけい》大学の教授・小島鉦作《こじましょうさく》氏の手によって『建春門院《けんしゅんもんいん》法花堂領《ほっけどうりょう》尾張國那古野庄領家職相傳系圖《おわりのくになごやのしょうりょうけしきそうでんけいず》』が発表され、尾張「那古野」という地域そのものに強い関心が高まった。尾張那古野という文字の初見はこれまで南北朝《なんぼくちょう》時代とされてきたが、熱田神宮史編纂委員《あつたじんぐうしへんさんいいん》の小島氏の手によって平安《へいあん》時代に小野法印顕恵《おののほういんえけい》の手によって開墾《かいこん》された背景がわかったのである。

この発見によって那古野荘《なごやのしょう》が顕恵から藤原北家勧修寺流《ふじわらほっけかじゅうじりゅう》の流れを引く女子に相続され、藤原氏女子との婚姻関係《こんいんかんけい》から足助氏《あすけし》の手に渡ったという背景が明らかになった。

こうして尾張那古野の空白の数百年が明るみとなった事で室町時代《むろまちじだい》の那古野の支配者たる今川氏の存在が注目《ちゅうもく》されたのである。

翌昭和九年（一九三四）になると津田應助《つだおうすけ》氏が天野《あまの》の研究を基《もと》に今川氏豊《いまがわうじとよ》とその家臣団《かしんだん》について触《ふ》れている。津田氏は『斯波氏の尾張領國《おわりりょうごく》と織田氏の勃興《ぼっこう》』では今川氏豊の存在を指摘し、織田信長《おだのぶなが》が那古野城《なごやじょう》生まれである他《ほか》に、勝幡城《しょばたじょう》生まれである可能性を提示《ていじ》している。

那古野の今川氏が「在地《ざいち》の国衆《くにしゅう》（国人《こくじん》）であったとか奉公衆《ほうこうしゅう》であった。」など深い考証《こうしょう》は成《な》されてはいないものの、意外にも那古野の今川氏研究は少しずつ進展していた。

しかし、昭和中期に入り、陸軍参謀本部《りくぐんさんぼうほんぶ》によって『日本戦史《にほんせんし》〔桶狭間役《おけはざまのえき》〕』が編纂《へんさん》されると状況が一変《いっぺん》した。

今川氏豊の存在はこれまで「桶狭間の戦い」の起因《きいん》と目《もく》されてきたが、『日本戦史』ではその存在が抹消《まっしょう》されたのである。

同書《どうしょ》は永正年間《えいしょうねんかん》に曳馬《ひくま》（引馬）城《じょう》をめぐって斯波氏《しばし》と今川氏が対立してきた背景を記述している事から、今川氏豊の存在を知らなかったとは考え辛《かんがづら》い。

おそらく『信長公記《しんちょうこうき》』首巻の記事と照《て》らし合わせた結果、那古野の支配者が織田弾正忠《おだだんじょうのじょう》家《け》とも今川家とも受け取れる矛盾《むじゅん》を孕《はら》んでいる事から意図的《いとてき》に排除《はいじょ》したものと推定《すいてい》される。

『日本戦史』の影響《えいきょう》は大きく、織田弾正忠家が古《ふる》くから統治《とうち》する那古野直下《ちょっか》の大高《おおだか》にまで今川氏が侵攻《しんこう》してきたというイメージは日本全国に広く流布《るふ》された。

こうして那古野の今川氏研究は若干《じゃっかん》の停滞期《ていたいき》を迎《むか》えていた。だが、こうしたイメージは昭和四十四年（一九六九）に東海地方の郷土史家《きょうどしか》・横山住雄《よこやますみお》氏の登場を迎えて徐々《じょじょ》に払拭《ふっしょく》された。

横山氏は『城50』所収「那古野城の興亡《こうぼう》」で那古野荘《なごやのしょう》と今川氏の繋《つな》がりが今川氏豊（大永年間《たいえいねんかん》）以前に遡《さかのぼ》れる事を指摘したのである。

具体的《ぐたいてき》には南北朝時代に今川氏が尾張守護《おわりしゅご》に補《ほ》されていた事や、永享年間《えいきょうねんかん》の「那古野今川左京亮《さきょうのすけ》殿代」などを挙げている。

また、『言継卿記《ときつぐきょうき》』にあらわれる「今川竹王丸《たけおうまる》」の存在にも触れ、織田信長の出生《しゅっせい》が那古野城であることに疑問《ぎもん》を呈《てい》している。これによって那古野の今川氏研究は大きく進展した。

その後《ご》、横山氏は研究を進め、永享三年（一四三一）にあらわれた「今川〔左京亮〕殿代」の官途受領職《かんとずりょうしき》名に着目した。

その結果、今川貞世《さだよ》（了俊《りょうしゅん》）とその四男《よんなん》・貞兼《さだかね》が〔左京亮〕の官途を補されている事から、貞世と貞兼の系譜《けいふ》が那古野荘を知行《ちぎょう》していたと結論付《けつろんづ》けた。

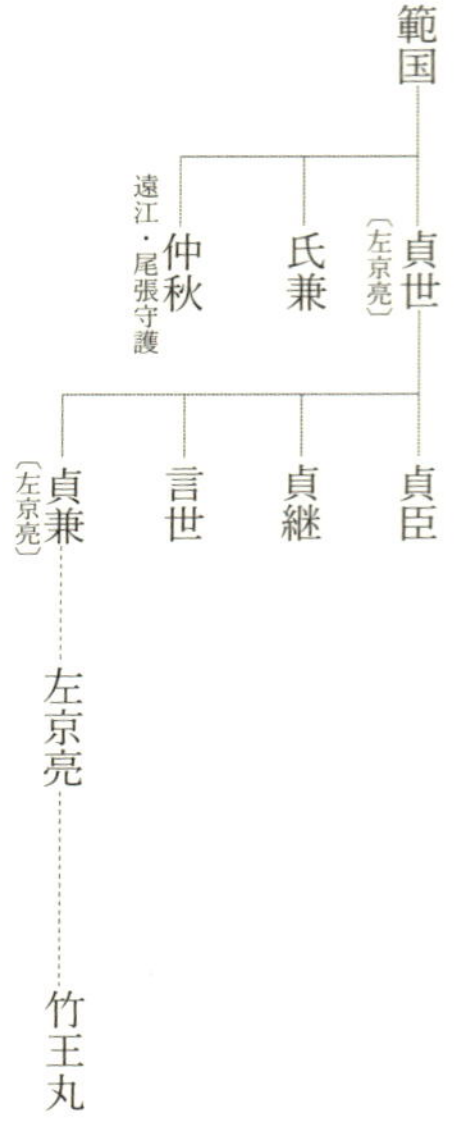

横山氏の推論《すいろん》によれば貞世の弟で養嗣子《ようしし》である仲秋《なかあき》が尾張守護の座を離《はな》れ、別の一族が尾張守護についた後も、貞世と貞兼の系譜が那古野に残ったと位置づけている。

ただし、横山氏も補足《ほそく》して指摘するように那古野領主《りょうしゅ》は「左京亮

〔殿代〕」であるから、貞世や貞兼に近《ちか》しい一族が貞世らに代わって、那古野の代官職《だいかんしょく》を務《つと》め在地していたとする見解《けんかい》が適切である。

これまで那古野の今川氏といえば、ほぼ今川氏豊個人《こじん》を指《さ》している場合が多く、氏豊の息男氏明《うじあき》や息女秋月院《しゅうげついん》を含《ふく》めた場合に便宜的《べんぎてき》に「那古野の今川氏」と呼ぶケースはあった。しかし、横山氏の指摘以降この括《くく》りは氏豊らの祖系《そけい》にあたる一族全体を含めた総称《そうしょう》として用いられた。その流れを加速《かそく》させた一因《いちいん》として遠江《とおとうみ》今川氏研究の進展が影響を齎《もたら》している。

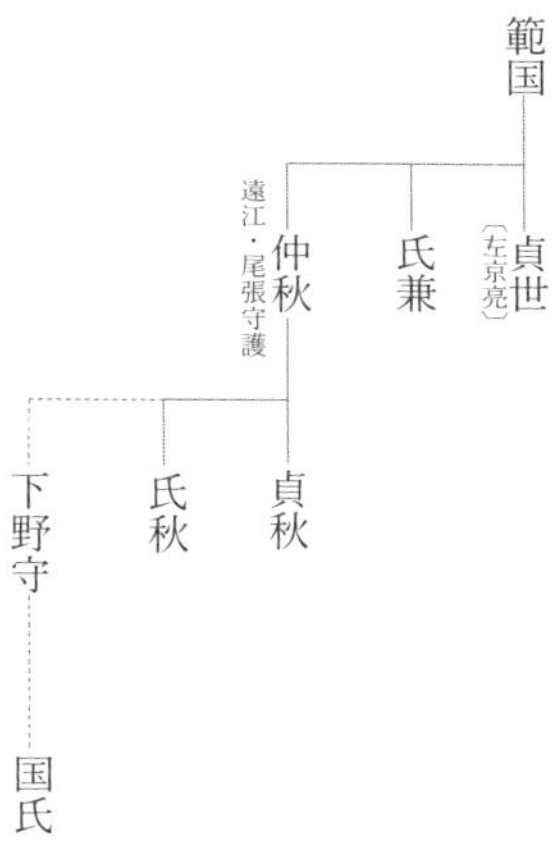

昭和四十七年（一九七二）七月、『地方史《ちほうし》静岡《しずおか》』（「静岡県立中央図書館編」）にて秋元太二《あきもとたいじ》氏が「遠江《とおとうみ》に於《お》ける守護領国支配《しゅごりょうごくしはい》の推移《すいい》～とくに遠江今川氏の没落《ぼつらく》を中心として～」を発表した。

本稿《ほんこう》は遠江守護の変遷《へんせん》と遠江今川氏に関する論《ろん》考《こう》ではあるが、遠江・尾張守護であった今川仲秋に関連して、『満済准后日記《まんさいじゅごうにっき》』にあらわれる仲秋の息男・貞秋《さだあき》や那古野の今川下野守《しもつけのかみ》の存在をとりあげた。

この他にも室町時代後期に尾張国《おわりのくに》那古野で在地領主《ざいちりょうしゅ》化した今川兵部大夫国氏《ひょうぶだゆうくにうじ》を挙げ、尾張の今川氏とは尾張守護職の立場にあった今川仲秋や今川法珍《ほうちん》の後裔にあたるのではないかと推定している。

那古野の今川氏に関する知見《ちけん》は昭和四十年代の遠江今川氏研究に付随《ふずい》して発展した。このような経緯《いきさつ》があった為に、今川宗家（駿河《するが》今川家）と遠江今川氏が枝分《えだわ》かれた直後《ちょくご》に、更に分岐《ぶんき》して誕生《たんじょう》したのが那古野（尾張）今川家であるという考え方がポピュラーなものとなった。この考え方は平成九年（一九九七）に刊行された『静岡県史《しずおかけんし》　通史編2〔中世〕』（静岡県史編さん委員会）においても踏襲されている。同県史担当執筆者《たんとうしっぴつしゃ》の山家浩樹《やんべひろき》氏もその系譜は明確ではないとしながらも、今川貞秋の近親者《きんしんしゃ》ではないかと推定している。

この流れを大きく変えたのが、小和田哲男《おわだてつお》氏の研究である。小和田氏は平成四年（一九九二）に『古城《こじょう》（創立二十周年記念号）』第三十六号で「今川名児耶《いまがわなごや》氏の研究」という論稿を発表された。

小和田氏の研究によれば『難太平記《なんたいへいき》』に登場する「名児耶《なごや》」氏とは北条氏《ほうじょうし》名越流《なごえりゅう》の最期の嫡流当主《ちゃくりゅうとうしゅ》である北条高家《たかいえ》と今川国氏《くにうじ》の次女の間に「名児耶〔名越〕高範《たかのり》」という息男が存在したことを明らかにした。この研究によって大きく進展したのが、名児耶氏である。

名児耶氏の存在は昭和三十九年（一九六四）に川添昭二《かわぞえしょうじ》氏が『今川了俊〔人物叢書《じんぶつそうしょ》〕』（吉川弘文館）で新野《にいの》氏と並ぶ今川氏の初期分家《しょきぶんけ》として既《すで》に指摘していたものの、その系譜は明らかではなかった。

はっきりとしている事としては今川国氏の次女《じじょ》は公家の名児耶某と婚姻関係にあったことである。名児耶某との間に授かった今川名児耶三郎という人物は今川氏二代・基氏《もとうじ》の養子に入っており、駿河今川家の初代・範国《のりくに》にとっては義兄弟《ぎきょうだい》であったという。

これが小和田氏の研究によって北条〔名越〕高家の子息・高範であると結《むす》びつけられた。この研究の影響は大きく、那古野の今川氏と同じ地域（愛知郡《あいちぐん》）での活動が散見《さんけん》している那古野氏と那古野今川氏が遠祖《えんそ》を辿《たど》れば同族《どうぞく》である事が明らかとなった。

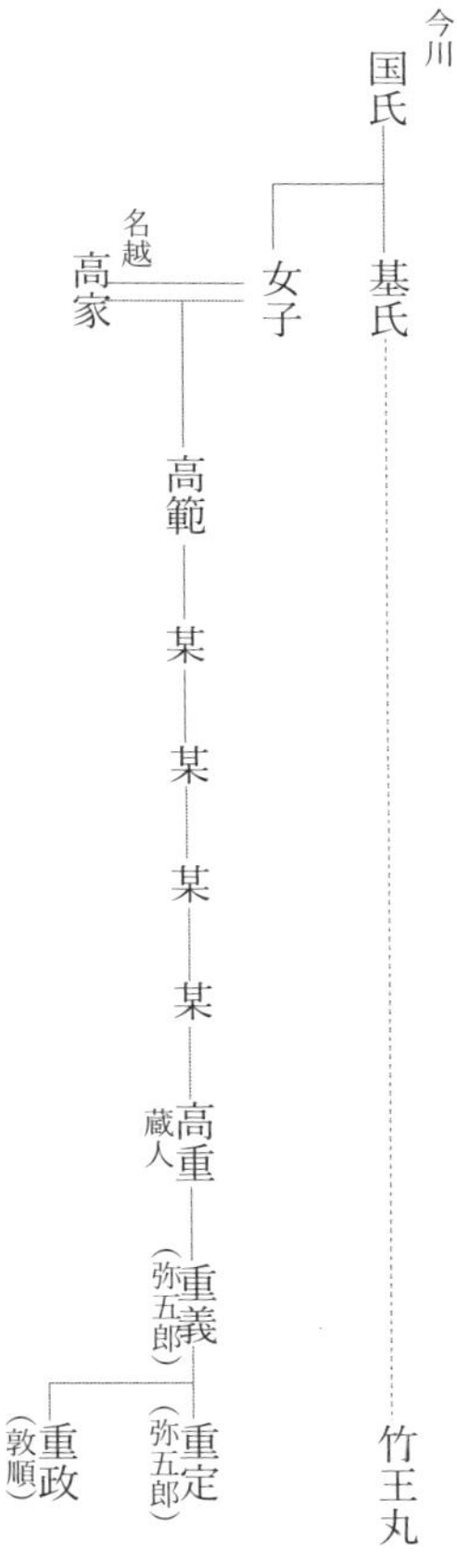

しかし、北条氏名越流の後裔《こうえい》である那古野氏の研究はこの当時それほど進展しておらず、遠江国浜松庄《とおとうみのくにはままつのしょう》をめぐって騒乱《そうらん》が続《つづ》いていた永正年間に那古野（名児耶）氏が那古野城を築城《ちくじょう》したとする諸伝《しょでん》は小和田氏も少々慎重《しょうしょうしんちょう》な姿勢《しせい》であった。（研究の進展もあり平成三十一年（二〇一九）刊行の『近世城郭《きんせいじょうかく》の最高峰《さいこうほう》　名古屋城』所収「まず、今川名児耶氏の那古野城ありき」では名児耶高重《なごやたかしげ》の那古野城築城を肯定的《こうていてき》に捉《とら》えている。）

平成六年（一九九四）になると家永遵嗣《いえながじゅんじ》氏が『室町幕府将軍権力《むろまちばくふしょうぐんけんりょく》の研究』を発表された。

家永氏の研究では今川貞秋ら遠江今川氏の動向を注視しているが、貞秋らに帯同《たいどう》する今川下野守を今川名越《いまがわなごや》氏と称している。（小和田氏が提示する通り名児耶氏は「名越」と表記する例もあるので「今川名越氏」もその一解釈となるであろう。）

平成八年（一九九六）になると下村信博《しもむらのぶひろ》氏が「中世《ちゅうせい》今川那古野氏再考《さいこう》」（『名古屋市博物館《はくぶつかん》研究紀要《けんきゅうきよう》19』所収）という論文を発表された。

下村氏は那古野と今川氏の関係性は鎌倉時代《かまくらじだい》後期から生《しょう》じていると考え、今川国氏の次女が嫁いだ人物は尾張国那古野庄の国人であったと捉えている。

下村氏は「中先代《なかせんだい》の乱《らん》」で没した今川名児耶三郎入道《さぶろうにゅうどう》の後にあらわれる同名子息《どうめいしそく》の存在

に着目《ちゃくもく》した。彼が足利義満《あしかがよしみつ》の小番衆《こばんしゅう》（奉公衆）であったこと、三郎以後の今川下野守《しもつけのかみ》、同下《しも》野入道《つけにゅうどう》、大夫判官《たいふのほうがん》国氏らが室町幕府直属《ちょくぞく》の奉公衆一番衆《いちばんしゅう》であったことを検証《けんしょう》し提言した。

　そして、那古野の奉公衆今川氏の系譜（国氏）が没落《ぼつらく》を契機に、駿河惣領家の今川氏親《いまがわうじちか》が末子《ばっし》・氏豊を養子《ようし》に送り込んだとする考えを示《しめ》した。

　尾張守護・今川仲秋らの後裔である尾張今川家《おわりいまがわけ》に氏豊が養子に入ったとする説は、平成三年（一九九一）に『国際情報人《こくさいじょうほうにん》 信長』（集英社）などで小和田氏が提唱《ていしょう》しているが、下村氏はこれを更に掘り下げ那古野今川氏を再考した。

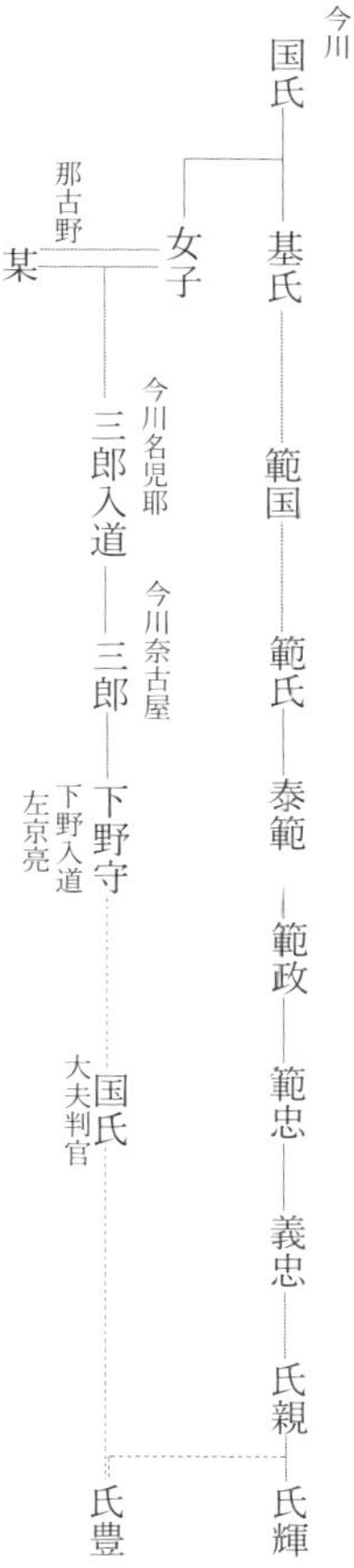

二〇〇一年十一月、朝日新聞出版《あさひしんぶんしゅっぱん》は冷泉為広《れいぜいためひろ》（一四五〇～一五二六）が越後《えちご》・能登《のと》・駿《する》

河《が》を始めとした各地《かくち》への下向日記《げこうにっき》を活版化《かっぱんか》に踏み切った。同書は新出《しんしゅつ》である為広の自筆本《じひっぽん》原本の形態《けいたい》を尊重《そんちょう》し写影《しゃえい》をベースに翻刻《ほんこく》・註釈《ちゅうしゃく》を添《そ》えた。

この史料は為広が駿河へ下向した際に今川氏親の御一家《ごいっか》と介している様子が明るみとなっており、当時の今川庶家《しょけ》の序列《じょれつ》なども把握《はあく》できるものとなっていた。筆者《ひっしゃ》（氏戸《うじと》）はこの日記にあらわれる今川氏親の御一家である那古野新五郎《なごやしんごろう》の存在に着目し、新五郎が今川氏豊を構成する一人であると考え、その系譜を再考証した。

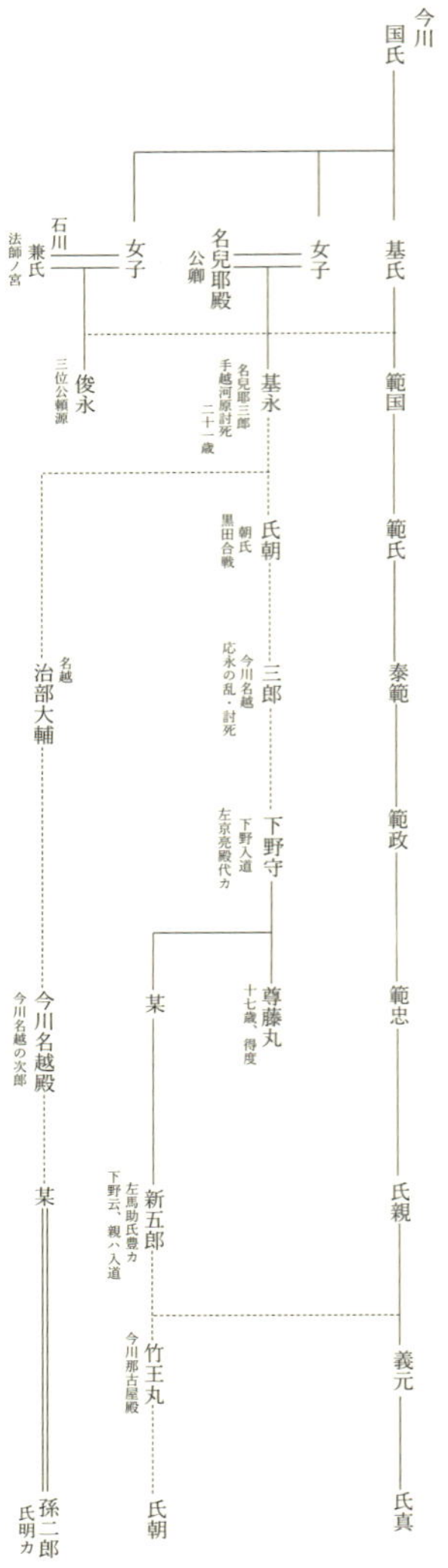

一、今川名児耶氏の成立

後世《こうせい》に繁栄する今川一族とは駿河惣領家を筆頭に庶家が連《つら》なる形でその礎《いしずえ》を築いている。渦中の今川名児耶《なごや》氏とは今川氏三代当主・範国から始まる駿河今川家成立以前の初期分家であるため、どのように分岐しているか軽く概要《がいよう》を説明しておきたい。

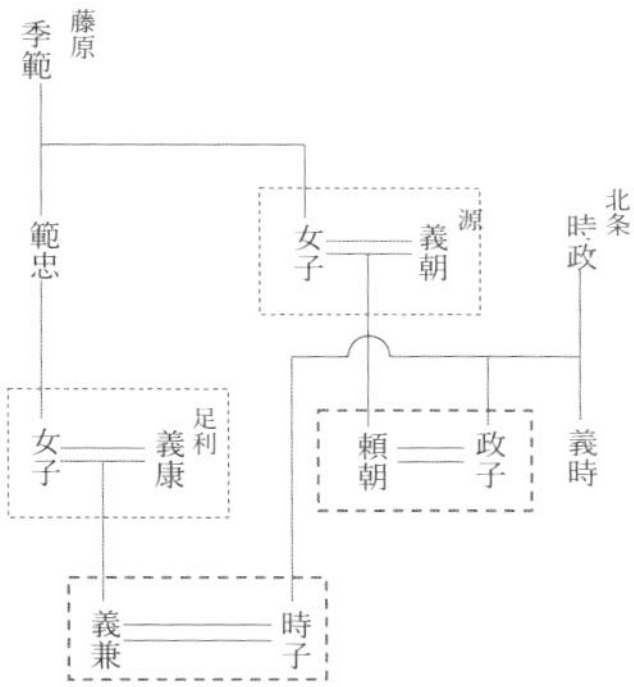

鎌倉時代後期の今川氏の事績《じせき》に関しては史料が少なく、不鮮明《ふせんめい》な部分が多い。この為、今川貞世（了俊）が応永《おうえい》九年（一四〇二）に著《あらわ》した『難太平記』から今川名児耶氏へと繋がるエピソードを幾つか抜粋《ばっすい》する。

今川一族の草創《そうそう》は、鎌倉時代に足利上総家《あしかがかずさけ》が活躍していた時代にまで遡る。鎌倉幕府を開いた源頼朝《みなもとのよりとも》の近親に足利義康《あしかがよしやす》・義兼《よしかね》という父子《ふし》がおり、彼らは頼朝に従《したが》って幕府成立を陰《かげ》で支える役目となった。

元々頼朝と近しい縁者《えんじゃ》にあった足利氏は鎌倉幕府の開府後、有力御家人《ゆうりょくごけにん》の一角として幕《ばく》政《せい》の一端《いったん》を担った。足利義兼は北条時政《ほうじょうときまさ》の娘を正室に迎え、三男《さんなん》・義氏《よしうじ》が生まれた。義氏は北条義時《ほうじょうよしとき》の息女（正確には泰時《やすとき》の息女《そくじょ》）に嫁いだという。この時代において婿入《むこい》り婚《こん》は珍《めずら》しくなく、足利氏は最盛期《さいせいき》の北条氏に婿入りできる家格《かかく》を誇《ほこ》っていた。

義氏には数人の子が居《お》り、嫡流の座は泰時の娘の間の子である泰氏《やすうじ》が継《つ》ぎ、長子《ちょうし》・長氏《おさうじ》は庶流となった。鎌倉時代においては母親の家格が重要視《じゅうようし》される傾向《けいこう》が強く、長子＝嫡男という考えはもっと後代《こうだい》の考え方であるため長氏は長子なれど嫡流という立場にはならなかった。

しかし、長氏の家系は足利宗家《そうけ》の家人でありながらも、宗家の兄筋であることには変わりなく、義氏の隠居《いんきょ》領である三河国幡豆郡吉良庄《みかわのくにはずぐんきらのしょう》（愛知県西尾《あいちけんにしお》市吉良町）の所領を相続し、源氏《げんじ》の宝剣《ほうけん》である龍丸《たつまる》を与えられたという。

足利長氏は吉良荘の荘園名《しょうえんめい》から「吉良」を名乗った。長氏には嫡子《ちゃくし》満氏《みつうじ》と次子《じし》国氏《くにうじ》が生まれた。この吉良満氏・国氏兄弟が吉良氏・今川氏の遠祖であり、次子・国氏は吉良荘内の「今川」の地（愛知県西尾市今川町）を相続したので、のちに「今川氏」を名乗っている。

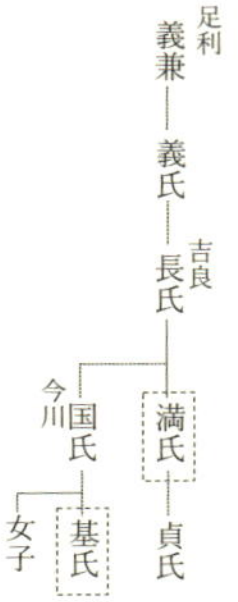

『今川家譜《いまがわかふ》』は今川氏の初代・国氏の事績に関して、弘安八年《こうあんはちねん》（一二八五）に起きた「霜《しも》月騒動《つきそうどう》（安達泰盛《あだちやすもり》の乱《らん》）」で足利上総家の当主・足利（吉良）長氏の名代《みょうだい》として鎌倉に居合《いあ》わせていたと伝える。

国氏は自《みずか》ら太刀《たち》を持って抜群《ばつぐん》の高名《こうみょう》をあげたので、その忠節《ちゅうせつ》に対し鎌倉殿《かまくらどの》（七代将軍・維《これ》康親王《やすしんのう》）から遠江国《とおとうみのくに》引馬（曳馬）庄を授《さず》ける御教書《みぎょうしょ》が与えられ、父・長氏から遠祖《えんそ》・源《みなもと》義家《のよしいえ》から代々《だいだい》伝わる「龍丸」を相続したのだという。

『尊卑分脈《そんぴぶんみゃく》』によると国氏は霜月騒動が引き起こされる二年前に死去《しきょ》しているため、この諸伝《しょでん》は幾《いく》つかの矛盾が生じており、国氏の事績を等閑視《とうかんし》する傾向が強い。

加《くわ》えて、弘安年間《こうあんねんかん》の浜松荘《はままつのしょう》は名越《なごえ》流北条氏代々（朝時《ともとき》―教時《のりとき》―尼尊浄）の伝領《でんりょう》が明らかであるから、今川国氏の事績がそのまま事実であるとは認《みと》めがたい。

もっとも、小和田哲男氏が『名古屋系譜全《なごやけいふぜん》』（『古城（三十六号）』所収「今川名児耶氏の研究」）を典拠《てんきょ》に指摘するように、今川国氏の次女が名越高家《なごえたかいえ》の妻室であったのであれば、名越氏との婚姻関係を通じて引馬庄（浜松荘）が今川氏へと相続された可能性を指摘できる。小和田説に準拠すれば、然程《さほど》大きな矛盾は孕んでいないともいえる。

国氏の嫡男・基氏《もとうじ》には妹が余多《あまた》おり、皆公家《みなくげ》（石川氏と名児耶氏）と重縁関係《じゅうえんかんけい》にあった。

この為、妹たちの子供は今川の石川とも名児耶とも言われた。国氏の長女《ちょうじょ》は一色公深《いっしききみふか》に嫁ぎ、一色範氏《いっしきのりうじ》などを生んでいる。

次女は名児耶氏に嫁ぎ重縁関係にあったというから、系譜上では明らかになっていない婚姻の重複《ちょうふく》があったと考えられる。

石川氏の系譜は明らかではないが、国氏の三女は石川三位公《いしかわさんみこう》に嫁いだという。三位公の父は法師宮《ほうしのみや》とあるから、内裏《だいり》（朝廷）で法師を務める公卿《くぎょう》身分《みぶん》であったことが予測される。

いずれも勃興《ぼっこう》したばかりの三河の小領主《しょうりょうしゅ》・今川氏とは不釣《ふつ》り合いのように思えるが、今川氏の祖たる足利・吉良時代に公家とは婚姻関係を繰《く》り返していることから、義氏・長氏時代までには既に名児耶・石川両氏とは誼《よしみ》を通じていたのであろう。

名児耶の子の名を『難太平記』は「三郎入道」、『浅羽本系図』は「基永（名兒耶三郎）」、『寛政重修諸家譜《かんせいちょうしゅうしょかふ》』は「名児耶某」、『土佐《とさ》国《のくに》蠹簡集残篇《とかんしゅうざんぺん》』は「名古野三郎《なごやさぶろう》」、と伝えている。

石川の子に関しては『浅羽本系図』が「俊栄（石川三位公　俊氏養子）」と記し、『土佐

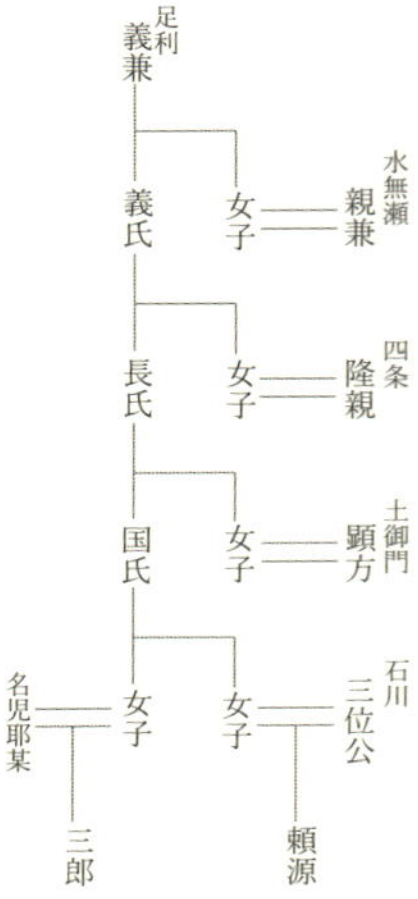

国蠹簡集残篇』が「石川三位公〔頼源《らいげん》〕」と僅《わず》かにその名を記すのみである。本稿では、彼らを呼称する際は『蠹簡集残篇』の「名児耶三郎《なごやさぶろう》」と「石川頼源《いしかわらいげん》」を便宜的《べんぎてき》に用《もち》いて説明したい。

名児耶三郎と石川頼源は伯父《おじ》基氏（生母兄）の養子に入ったので、故殿《ことの》＝今川範国（『難太平記』著者・了俊の父）にとっては兄弟であった。

今川基氏
- 頼国（頼基）
- 範満
- 頼周
- 大喜法忻
- 範国（五郎）
- 三郎（名児耶）
- 頼源（石川）

基氏の子息らは通説では四人兄弟あるいは五人兄弟とされているが、『難太平記』で綴られている通り、養子の三郎・頼源を含めた七人兄弟で「今川御一家」が構成されていた。（一色氏に嫁いだ長女の子・範氏は外戚《がいせき》ではあるものの、今川家の養子とはなっていないので含まれない。）

名児耶・石川両家の本貫《ほんかん》に関しては断定《だんてい》が難しいものの、昭和十九年（一九四四）に太田亮《おおたあきら》氏が『姓氏家系大辞典《せいしかけいだいじてん》第4巻』で静岡浅間神社《しずおかせんげんじんじゃ》（静岡県静岡市葵区宮ケ崎町）の一角に奈古屋《なごや》明神《みょうじん》を祀《まつ》る奈古屋社の社家・奈古屋一族が同族である事を指摘している。

下村信博氏は名児耶氏の事を鎌倉時代後期から尾張国那古野荘を本貫とする国人として捉えており、「霜月騒動」で安達氏に連座《れんざ》して、那古野荘支配の座から失脚《しっきゃく》した足助氏以降の在地領主であると想定している。

小和田氏は名児耶氏の所在は言及していないものの、北条氏名越流に源流としている事から尾張を本貫とする下村氏の説とは互換性もあるといえる。

鎌倉時代後期の尾張国の知行国主《ちぎょうこくしゅ》は名越〔尾張守《おわりのかみ》〕高家（『後光明照院関白記《こうみょうじょういんかんぱくき》』）で、尾張守護の座は名越〔遠江入道《とおとうみにゅうどう》〕宗教《むねのり》（『楠木合戦注文《くすのきかっせんちゅうもん》』）であるから、高家の子息・名越高範（＝今川名児耶三郎入道）が那古野荘で在地領主化していた仮定とすれば、尾張に依拠していた一族という事になる。

石川氏に関しては伊勢《いせ》の「う〔そ〕か」の領家《りょうけ》としており、くずし字が「う」であるか「そ」であるかで解釈は代わる。「うか」であれば伊勢国員部郡宇賀庄（三重県いなべ市大安町宇賀）のことであり、「そか」であるのであれば伊勢国壱志郡《いせのくにいちしぐん》須加《（須賀）》郷（三重県松阪市嬉野権現前町）の事であろう。宇賀に関しては室町時代初頭は東大寺領となっており、領家の存在は判然としない。

一方伊勢国須可荘《すかのしょう》は惟宗忠久《これむねのただひさ》一族（島津氏）が地頭職《じとうしき》に任じられていたが、鎌倉時代後期までには島津氏の本貫が九州へと移っているが、領家は近衛氏の存在が明らかである。

このため、石川氏の本貫は壱志郡須加ではなく、員弁郡宇賀庄で領家職を務めていたと見込まれる。

両氏族はいずれも早い時期の今川氏分家であり、『難太平記』によれば建武《けんむ》の頃（一三三三〜一三三五）に今川範国が足利尊氏《あしかがたかうじ》に申し入れて「御一流《ごいちりゅう》」となったという。名児耶氏と石川氏はいずれも清和源氏《せいわげんじ》足利氏流ではなかったが、今川氏との婚姻関係及び養子関係をもって、尊氏から足利（今川）氏流と認められており、以後清和源氏足利氏族を称している。

こうして名児耶・石川両氏は厳密には今川氏の系統ではないものの、母系で今川の血を引いていることから今川家の養子に迎え入れられ、範国の兄弟として活躍し、「今川御一家」として系譜を残した。

霜月騒動　弘安八年（1285）
御家人・得宗被官 相関図

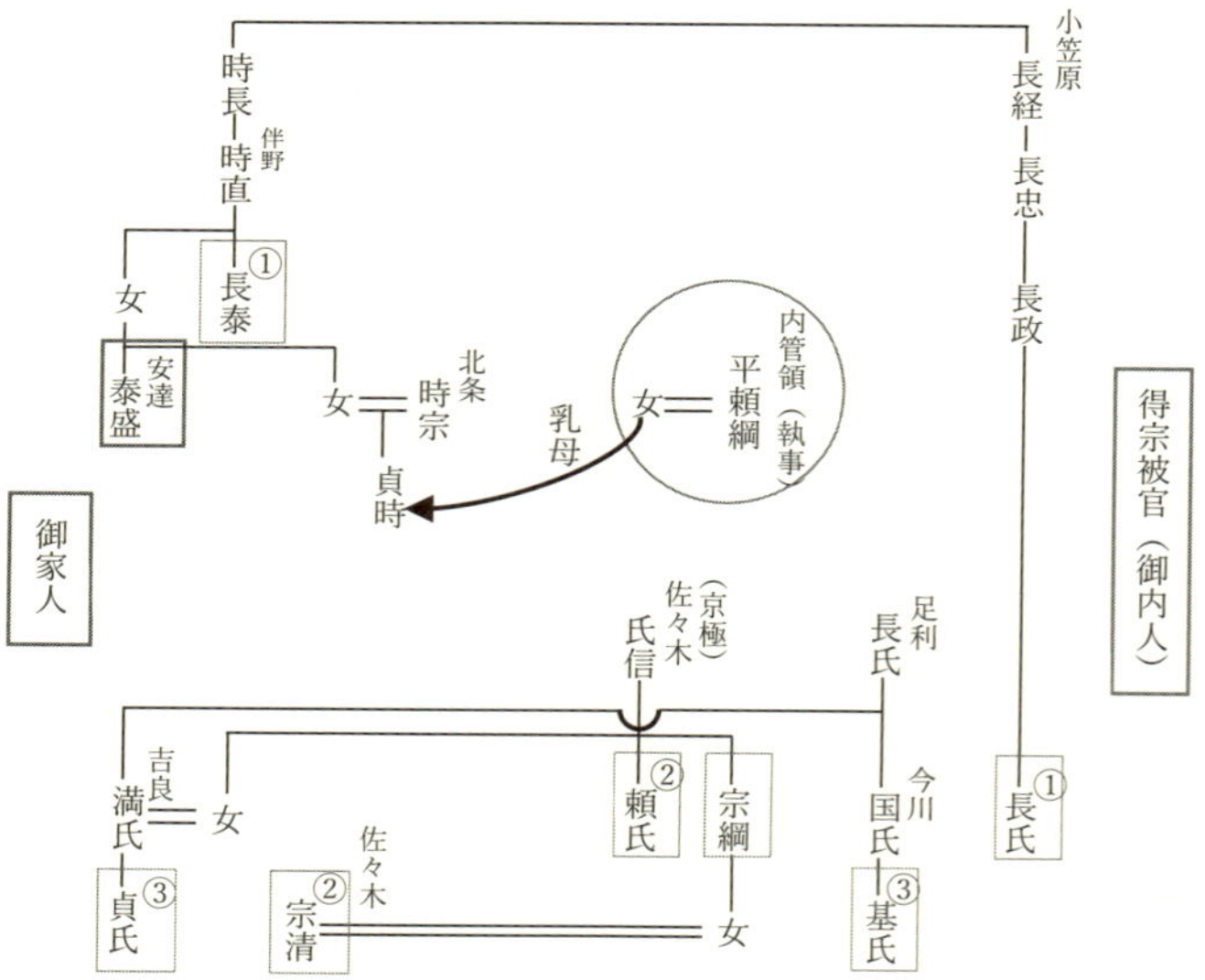

①伴野氏（嫡流）――①小笠原氏（庶流）

②佐々木氏（嫡流）――②京極氏（庶流）

③吉良氏（嫡流）――③今川氏（庶流）

「霜月騒動」と今川家

吉良家の分流《ぶんりゅう》である今川氏の台頭《たいとう》は弘安年間の「霜月騒動《しもつきそうどう》」に起因している。

弘安八年（一二八五）十一月、鎌倉幕府の有力御家人・安達泰盛《やすもり》とその一族、与党が得宗《とくそう》家《け》北条貞時《ほうじょうさだとき》の執事《しつじ》内管領《うちのかんれい》・平頼綱《よりつな》と対立が激化し、頼綱配下の得宗家被官《ひかん》らの手によって安達泰盛・宗景《むねかげ》親子が誅殺《ちゅうさつ》された。この内乱のことを「霜月騒動」と呼んでいる。

この騒動の表層的《ひょうそうてき》な部分を特筆すれば、元寇《げんこう》の戦後処理と幕府内の主導権をめぐる安達泰盛ら御家人《ごけにん》勢力と平頼綱ら得宗家直属の御内人《みうちびと》勢力の抗争である。

しかし、この抗争には御家人方に属する源氏一族の「惣領《そうりょう》」と「庶流《しょりゅう》」間において嫡流（惣領）の逆転という大きな転換《てんかん》が起きていた。

足利義氏《よしうじ》の長子長氏《おさうじ》は父から三河国《みかわのくに》吉良庄《きらのしょう》の地頭職《じとうしき》を相続し、長氏の嫡子満氏が吉良氏の遠祖となり、次子国氏は今川氏の遠祖となった。

「霜月騒動」における吉良満氏・国氏兄弟の動向は吉良家という一元化《いちげんか》された陣営に属していた訳ではなく、父・長氏の許《もと》で家を分かち、それぞれ対立する陣営に身を置いていた。

今川氏発祥の地（愛知県西尾市今川町土井堀 17）

『難太平記』によれば、三河国幡豆郡吉良荘内は「今川」という地を内包しており、吉良長氏が少年の時に父・義氏から今川荘《いまがわのしょう》を装束《しょうぞく》料《りょう》として給《たま》わり、最終的には了俊《りょうしゅん》が相続したという。

了俊の代に至《いた》るまでの過程《かてい》には、吉良家と今川家の間に幾つかのトラブルが発生し、吉良荘の惣領たる満氏と弟・国氏の子息である基氏との間で「不会」となる出来事が起きていた。

今川氏の初代・国氏は幡豆郡吉良荘のうち「今川」の地をどこかのタイミングで相続していたが、二代当主基氏が叔父・満氏に「今川庄」を取り上げられたので不満を覚えたという。これによって今川基氏と吉良満氏の間で小さな対立が起きていた。

この満氏と基氏の「不和《ふわ》」に関しては今川国氏の没年《ぼつねん》である弘安五年（一二八二）以降かつ、「霜月騒動」が起こる以前の出来事だと推定され、その範囲は弘安五年（一二八二）〜弘安八年（一二八五）の三年間の短い期間に絞られる。

「霜月騒動」では吉良満氏《みつうじ》・貞氏《さだうじ》親子が安達泰盛方に与同《よどう》していたのに対し、今川基氏は平頼綱の許で軍功《ぐんこう》を挙げ、合戦《かっせん》の恩賞《おんしょう》として名越流北条氏が支配する浜松荘内の引馬郷《ひくまきょう》を賜ったことが予測される。

この騒動で御家人の一族子弟は対立した陣営にそれぞれ与《くみ》し、平頼綱方についた御家人の庶流勢力が大きく躍進《やくしん》したので、惣領・庶流間の逆転が起きた。

安達一族とその与党が討たれたことによって御内人勢力の覇権《はけん》は確立され、幕府内の政治機構が「執権政治《しっけんせいじ》」から「得宗専制《とくそうせんせい》」へと移行した。

安達氏に与同し、誅殺された御家人の中でも甲斐源氏《かいげんじ》の小笠原《おがさわら》氏、足利上総流の吉良氏、佐々木氏一族らは、庶家の者達が対立する平頼綱方（得宗《とくそう》家以下、名越《なごえ》流・大仏《おさらぎ》流）の被官として取り立てられていたことから、騒動後には庶家が恩賞に預かるだけに留まらず、庶流家が嫡流の地位を脅《おびや》かして成りあがるなどの副次的《ふくじてき》な問題を誘発し、御家人の在《あ》り方が改めて問われた。

「霜月騒動」では泰盛派に属した吉良貞氏に対し、今川基氏は頼綱派に属していた。これに際して若年である基氏をサポートするために祖父・足利（吉良）長氏が平頼綱方に与した結果、今川氏は正統性《せいとうせい》を得て大きく躍進したと予測される。

「霜月騒動」の終結《しゅうけつ》に伴《ともな》ってこれまで鎌倉殿（将軍）と御家人の主従関係によって成り立っていた幕府人事は一変し、北条得宗家を頂点に置き一族の大仏流・名越流北条氏が惣領（宗家）を支える「得宗専制（専制政治）」が敷かれた。

この新体制の発足《ほっそく》によって旧来の御家人勢力は幕府《ばくふ》中枢《ちゅうすう》に対する影響力を失い、代わって得宗被官が大きく躍進した。

今川氏は「霜月騒動」を契機に名越流北条氏の管内《かんない》「浜松荘」内の「引馬郷」の郷地頭《きょうじとう》に認められたと考えられる。（小和田説が正しければ、名越氏との地域的接点が今川名越氏を作り上げたとも考えられる。）

中先代の乱

鎌倉幕府が瓦解《がかい》し、建武政権《けんむせいけん》が始まると、足利高氏《あしかがたかうじ》は「鎮守府将軍《ちんじゅふしょうぐん》」に任命され、後醍醐《ごだい》天皇《ごてんのう》の諱《いみな》「尊治《たかはる》」から偏諱《へんき》を受け「尊氏《たかうじ》」と名を改めた。

京都で始められた建武政権は東国統治《とうごくとうち》の要《かなめ》として陸奥《むつ》と鎌倉にそれぞれ地方政庁《ちほうせいちょう》を設置した。

「陸奥将軍府《むつしょうぐんふ》」には征夷大将軍《せいいたいしょうぐん》・義良親王《のりよししんのう》を奉《ほう》じた北畠親房《きたばたけちかふさ》、北畠顕家《あきいえ》親子が入り、「鎌倉将軍府《かまくらしょうぐんふ》」には鎌倉府将軍・成良親王《なりよししんのう》を奉じて執権足利直義《ただよし》が入っていた。

しかし、後醍醐天皇の新政権を揺《ゆ》るがす〝先代由来《せんだいゆらい》の人物〟があらわれた。

建武二年（一三三六）七月、倒幕《とうばく》に倒れた執権北条高時《ほうじょうたかとき》の遺児《いじ》である北条時行《ときゆき》が諏訪頼重《すわよりしげ》らに擁立《ようりつ》され鎌倉幕府再興《さいこう》のため兵を挙げたのである。

この一連の戦いは「中先代の乱」と呼ばれ、北条を「先代」とし、足利氏を「当御代《とうみだい》（当代・後代のこと）」と見立て、中間にある北条時行を「中先代」と称した。

建武二年（一三三五）七月十四日、信濃国《しなののくに》で信濃守護・小笠原貞宗《おがさわらさだむね》と北条時行方の軍勢が衝突を始めた。小笠原貞宗はすぐさま京都に一報《いっぽう》を告《つ》げ、建武政権では評定《ひょうじょう》が行われた。

評定の結果、北条時行の軍勢は木曽路《きそじ》を経由して尾張国葉栗郡黒田《おわりのくにはぐりぐんくろだ》へ打って出るであろうと予測し、尾張国に早々に防衛陣《ぼうえいじん》を敷いた。

しかし、北条時行の軍勢は尾張国へは向かわず、鎌倉街道《かまくらかいどう》沿《ぞ》いに将軍府を目指していた。軍備を敷き万全の体制で構えていた尾張方に対して、裏を突かれた鎌倉将軍府では関東《かんとう》廂番《ひさしばん》が北条時行軍を迎え撃った。勢いのままに攻め挙がる北条時行軍は同年七月中旬頃に武蔵国女影原《むさしのくにおんなかげがはら》（埼玉県日高市）で渋川義季《しぶかわよしすえ》や岩松経家《いわまつつねいえ》らの軍勢を破った。

時行軍は続けざまに小手指ケ原《こてさしがはら》(埼玉県県所沢市)に進軍すると今川範満《いまがわのりみつ》(名児耶三郎の兄)の軍を破り、武蔵府中《ふちゅう》（東京都府中市）では救援《きゅうえん》に駆けつけた小山秀朝《おやまひでとも》までをも打ち破った。

時行軍は破竹《はちく》の勢いで武蔵井出沢《いでのさわ》（東京都町田市）まで上がり、足利直義率いる本陣をも打ち破った。

怒涛《どとう》の勢いで関東廂番衆を討ち取り、鎌倉将軍府を陥落せしめた北条時行は七月二十四日、「鎌倉」の地を北条氏の手に取り戻したのである。

鎌倉将軍府の陥落が目前となると執権・足利直義は足利義詮《あしかがよしあきら》（尊氏の子・のちの二代将軍）や成良親王らを連れて鎌倉を逃れた。

今川名児耶三郎は義兄《ぎけい》らと同様に足利直義率いる本軍に従軍し、北条時行軍と対峙《たいじ》していた。

同年七月下旬、足利直義一行は時行軍による追討軍《ついとうぐん》が迫《せま》る前に東海道伝いに足利氏一門の本拠三河国へ向かって西へ逃れた。道中、駿河国手越河原《てごしがわら》（静岡県静岡市駿河区）で伊豆・駿河に構える時行軍の猛攻《もうこう》に合い、足利軍と北条時行軍の戦いは熾烈《しれつ》を極《きわ》めた。

足利直義は手越河原で時行軍に追い詰められ、敗北が濃厚《のうこう》となった。このような状況で麾下《きか》の細川定禅《ほそかわじょうぜん》が「錦小路殿《にしきこうじどの》（＝直義）、ここで御討ち死《おうじに》しましょう。」と提言したので、直義に長年仕えた渕辺義博《ふちべよしひろ》が「まずは私が殿の御前《ごぜん》で討ち死にしましょう。」と単騎《たんき》で大勢の敵陣に駆け入り、大きな立ち回りをして討ち取られた。

今川範国はこの時「討ち死にするのは今にあらず、ここは退却し味方を再編《さいへん》して、後日、戦いに赴《おもむ》き勝利を得るのです。」と直義に進言し、馬の口を押し返したので、殿（直義）の馬廻り一同も馬の尻を打って退《しりぞ》いた。馬廻り衆《うままわりしゅう》の今川名児耶三郎入道は足利直義を守るためにその場に残り、果敢《かかん》に戦って討ち死にした。

兄弟分《きょうだいぶん》である範国と名児耶三郎入道が連携を計っていなかったとは考え辛く、当初は範国と三郎が敵を引き付けている間に直義一行を退却させるという算段であったのだろう。

事実、範国も三郎と共にその場に残っていたが、追討軍が向かって来なかったので、夜中に先に退却していた足利直義の部隊に追い付き難《なん》を逃《のが》れている。

この敗退戦の死者は、のちの幕府要職《ようしょく》を務める管領《かんれい》・細川氏の遠祖・細川義俊《ほそかわよしとし》や政所執事《まんどころしつじ》・伊勢氏の遠祖・伊勢盛経《いせもりつね》らや後に幕府奉公衆《ほうこうしゅう》一番方の要職に就く今川那古野家の初代当主である。

彼ら直義与党は足利直義を守って激しく散った事から、後年『桜雲記《おううんき》』などの軍記物で取り上げられ、作中の名場面の一つとなっている。軍記物語では今川名児耶三郎・細川義俊・伊勢盛経らの犠牲で直義軍は難を逃れ、尊氏の救援が間に合ったことが強調されている。その背景として、彼らの子孫が室町幕府で要職についていた影響もあるのであろう。

応永の乱

『難太平記』に登場する今川名児耶三郎入道の血脈と思わしき人物は応永年間《おうえいねんかん》に姿をあらわす。

『応永記《おうえいき》』によれば、応永六年（一三九九）、大内義弘《おおうちよしひろ》が蜂起《ほうき》した「応永の乱」を受けて小番衆二頭の今河奈古屋三郎《いまがわなごやさぶろう》と勝間田遠江守《かつまたとおとうみのかみ》ら義満直属の奉公衆が、山名氏清《やまなうじきよ》の遺児である宮田時清《みやたときよ》を討ち取るために大勢の手勢を相手取り手負《てお》いにしていた。

死闘《しとう》が繰り広げられる中、今にも打ち果てんとする「宮の上野」を救わんとして「今河奈古屋三郎」は大勢《おおぜい》に斬って入り、敵勢十余人を斬り落とすと、最後は勝間田遠江守もその場に駆け付け奈古屋三郎と共に討ち果てた。

足利義満によって編成された奉公衆の成立期に関しては諸説あるが、この頃までに「今川奈古屋三郎」が将軍家小番衆（奉公衆）に取り立てられていたのは間違いない事実である。

室町幕府奉公衆の最初期《さいしょき》に構成された「佐々木の大原」「宮の上野」「勝間田」「今川の奈古屋」

らは後世の番帳にも度々名があげられる一族であり、奉公衆を構成する上で重要な位置を担ったと考えられる。今川奈古屋三郎は遠江の勝間田氏と協調関係にあることから、那古野へ進出以前に遠江国ゆかりの奉公衆であった可能性も検討される。

『今川記（傳記上）』

應永六年十二月、大内義弘、泉刕にて合戦有りし時、大内か近親杉九郎正之、森口と申所に大勢にて籠りしを攻へき由にて、結城越後守政廣を加勢に被下しかは、泰範は大内か縁者なれは、公方御心をも置かれけるにやと思案しけるを此上意を承り、肝に銘し、自身先陣に進み、森口に向かい入かへ〱攻戰ひ。中國勢百六十人討ち取り、大勢を追散。森口城を攻落しける。又明徳に亡ひ失し山名陸奥守氏清か子宮田、此時に大内と一味して丹刕よりせめ上りけるを防留へき由。重て御使ありしかは、軍勢を休して、追分の宿に馳向て持かけしかは、案の如く宮田左馬助時清、大勢にて攻上る。味方は初度の合戰につかれ、先陣に進みし遠州の住人勝間田遠江守、并今川の一族に名兒耶三郎討死し、敵きほひほこりける處を、泰範、旗本をくつし、うちわを上け味方をいさめ切てかかりけれは、宮田忽討負、西をさして引退く。追討に悉討取、此由上聞に達しけれは、早々馳集り御先手に加はり、彌軍功これ有へき由、仰下され候間。泰範、則つかれたる勢を殘し、荒手少々引率し、血に成たる鎧着て、鞍に首三付させ、御陣へ参りけれは、御所を初め菅領以下、何れも今日の働抜群成と感せらるゝ、泰範、則御先へ馳加はり、終に城を攻落し、敵の大将大内義弘嫡子新介を降参させ、めしとりて参りける。（以下、後略）

『今川家譜』
先陣ニ進ミシ遠州ノ住人勝間田遠江守、并今川ノ一族ニ奈古屋三郎討死シ敵キホヒホコリケル所ヲ、泰範旗本ヲ崩シ、團扇ヲ擧ケ、味方ヲイサメ切テ掛ケレハ、宮田忽討負、西ヲ指メ引退ク。（後略）

『今川記（傳記上）』と『今川家譜』の記述は応永六年（一三九九）に起きた「応永の乱」時の今川泰範と今川一族である今川奈古屋三郎の活躍を記したものである。

今川の奈古屋三郎は『今川記』では「名児耶三郎」、『今川家譜』では「奈古屋三郎」とされているが、何《いず》れも同一人物である。

『難太平記』に登場する父と同名を称していたか、先の三郎入道が生き伸びていたという可能性も勘案《かんあん》される。（入道号がないので年代的にも父子と思われる。）

異字体による表記揺れがある為、ここでは「（今川）奈古野三郎」と統一しておきたい。

両史料は山名氏清の遺児・時清が乱に呼応して丹波国《たんばのくに》から挙兵《きょへい》し、今にも京都へ攻め上がろうとした所を先陣の勝間田遠江守と奈古野三郎が迎え撃った。これが敗《やぶ》れると、後方で待ち構えていた今川泰範《いまがわやすのり》の本陣が山名時清の軍勢が打ち負かすだけに留まらず、大内義弘の弟・弘茂《ひろしげ》を降参させたと伝えている。

これは一見《いっけん》、駿河今川家の三代当主・泰範の指揮下《しきか》に遠江国ゆかりの勝間田遠江守と奈古野三郎が加わり泰範（駿河今川家）に従って従軍したかのような印象を受ける。

しかし、乱時における今川泰範の動向に関しては、下村信博氏が疑問を呈しており、検討されている。（『名古屋市博物館研究紀要19』所収「中世今川那古野氏再考」）

泰範が侍所頭人《さむらいどころとうにん》（軍事組織を担う長官）に就任していた時期は永和四年（一三七八）のことであり、泰範は「応永の乱」が起きた当時は侍所の頭人職ではない。そのため、泰範の権限はあくまで「守護」の範囲に限られている。

また、泰範が遠江守護となるのは、この乱後のことであり、応永六年時点では遠江の住人である勝間田氏や奈古屋氏を指揮下に加えて動員《どういん》する事は考え辛い。

『今川記』や『今川家譜』は後年成立したものであり、その信頼性は『応仁記』のほうが正確であると下村氏は指摘する。

今川一族の奈古野三郎と遠江の住人である勝間田遠江守はいずれも足利義満によって編成された「奉公衆」の一員であり、義満の命を受けた二頭であるから、その上官は今川泰範（駿河今川家）ではなく、三代将軍・足利義満であったことは確かである。

「応永の乱」の始まりは、応永五年（一三九八）に来日した朝鮮使節《ちょうせんしせつ》からの進物にあった。

斯波義将らは「大内義弘が朝鮮から賄賂《わいろ》を受け取っている。」と足利義満へ讒言《ざんげん》した事が発端となり、大内氏と将軍・義満の対立が起きていた。

大内義弘と繋がりが深い今川了俊は九州探題《きゅうしゅうたんだい》を解任され、駿河・遠江両国の半国守護へと左遷《させん》された。探題職解任《かいにん》に伴い了俊は駿河・遠江の両国を半国守護に任命を受け、弟・仲秋と甥・泰範（駿河今川家）との間で駿遠を分国統治《ぶんこくとうち》する事態に発展していた。

応永六年（一三九九）八月付の文書に前探題（今川了俊）が遠江国佐野郡《さやぐん》原田《はらだ》荘《のしょう》細谷郷の知行を安堵されていることから、了俊・仲秋に補された遠江半国守護という職は三代将軍・義満が左遷の建前に使った形式上の職という訳ではなく、実際に半国守護職は機能していたようである。

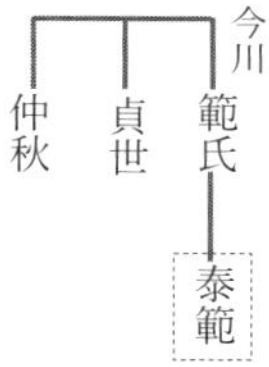

しかし、この領地改替《りょうちかいたい》で守護職権が半減し、分国守護となってしまった甥の泰範は大いに不満を感じ、叔父・了俊が半国守護を所望して、分国を得たものと勘違いし恨《うら》みを抱《いだ》いた。

泰範は叔父・了俊と大内義弘が結託していると将軍・義満に讒言をしたことから了俊・仲秋兄弟は駿河・遠江守護職を奪い取られ失職した。失意に陥った了俊は応永六年（一三九九）末に鎌倉公方《かまくらくぼう》・足利満兼《あしかがみつかね》と大内義弘が手を結ぶのを仲介したとされ、乱の関与が疑われた。

駿河・遠江の両国はこのような経緯《いきさつ》から半国守護の解任を受けた了俊・仲秋兄弟を支持する郎党《ろうとう》が蜂起し、また半国守護の席が空位《くうい》となっていた。

応永七年（一四〇〇）五月、「応永の乱」の煽りを受けた遠江国情勢は今川了俊・仲秋を支持する残党が蜂起して乱れていた。了俊・仲秋が退いた後は今川泰範（駿河今川氏・三代当主）と今川直忠《いまがわなおただ》（先の尾張守護）にそれぞれ半国守護が任命された。

そして、後に直忠が辞退したので、泰範が最終的に守護となったという顛末《てんまつ》を伝聞として伝えている。了俊・仲秋兄弟の唐突な解任を受けて、尾張守護の座を退いていた直忠が急遽《きゅうきょ》遠江半国守護職に抜擢されたが、惣領家の泰範と確執《かくしつ》を嫌ってか自ら辞退したことが想起《そうき》される。

了俊の失墜劇《しっついげき》は続き、鎌倉公方・足利満兼との関係性を疑われたことから、翌応永七年（一四〇〇）には関東管領《かんとうかんれい》・上杉憲定《うえすぎのりさだ》が了俊に対し追討令するよう下命されていた。

しかし、了俊は他でもない上杉憲定の弁明《べんめい》や今川泰範の助命嘆願《じょめいたんがん》もあり、今後政治に関与しないことなどを条件に赦免《しゃめん》された。了俊は華々《はなばな》しい活躍を成した在京生活から一転して、子息・貞臣《さだおみ》と共に遠江国へ移住し、実質的な蟄居生活《ちっきょせいかつ》を送った。

御一家から奉公衆今川氏へ

今川那古野氏は史料上の表記とは別に惣領家と庶家を区別する為の研究用語として便宜上「駿河今川氏」「遠江今川氏」等と対比して、「那古野今川氏」とも呼称される。

今川那古野（名児耶）氏の存在が不詳であった時期は「尾張今川氏」と「那古野今川氏」の区分は非常に曖昧であった。だが、平成年間に研究が進展した事で便宜上の呼称がより詳細化し、「尾張今川氏」は尾張守護・今川仲秋や今川法珍の系譜を指す意味合いが強くなった。

もっとも那古野今川氏の今川下野守は今川仲秋やその子息・貞秋と帯同傾向にあるので成立初期の「尾張・遠江今川氏」の厳密《げんみつ》な区分はあまり意味を成さない。

『満済准后日記《まんさいじゅごうにっき》』の紙背文書《しはいもんじょ》には「今河下野守《いまがわしもつけのかみ》申入《もうしい》る本訴《ほんそ》の事父打死《うちじに》候只今又」とあるから、今川下野守は「応永の乱」で討ち死にした奈古屋（名児耶）三郎の子息に推定される。

同記によれば今川下野守は後に那古野荘を知行されているが、幼少に父を亡くした影響からか、今川仲秋《なかあき》・貞秋《さだあき》・氏秋《うじあき》ら遠江今川氏のグループに属していたものと想定される。（生母が了俊・仲秋ゆかりの女性であったとも考えられる。）

今川下野守の名は今河遠江入道《とおとうみにゅうどう》（仲秋か）や今川右衛門佐《うえもんのすけ》（貞秋か）に準ずる形で、『満済准后日記』にその名が度々《たびたび》散見する。

下野守の母が了俊あるいは仲秋の子女であったかはあくまで推定に過ぎないが、下野守は垂木《たるき》家（仲秋後裔）の兄弟的存在としてその役割を担っていた。

駿河今川家の家督相続　今川那古野家が那古野荘《なごやのしょう》に独自勢力を築いた背景には、永享年間の今川範政《いまがわのりまさ》（駿河今川家・四代当主）の家督相続《かとくそうぞく》に大きく関連している。

永享四年（一四三二）三月、今川範政の使者三浦安芸守《みうらあきのかみ》と山名時熙《やまなときひろ》の使者山口氏らが満済《まんさい》に駿河守護今川家の家督相続について答弁《とうべん》を重ねた。

今川範政の後継候補には嫡男彦五郎《ひこごろう》、二男弥五郎《やごろう》、末子千代秋丸《ちよあきまる》（小鹿範頼《おしかのりより》）ら三人の男子が存在し、範政曰く嫡子・彦五郎が後継の任に耐えないので、末子の千代秋丸を後継にすることを検討していた。

しかし、六代将軍・足利義教《あしかがよしのり》は千代秋丸がまだ七、八歳に及ばない年少者《ねんしょうしゃ》であることや今川範政が扇谷《おうぎがやつ》上杉氏との縁故《えんこ》から関東鎌倉府と結びつきが深い為、鎌倉府からの影響を受ける事を危惧していた。

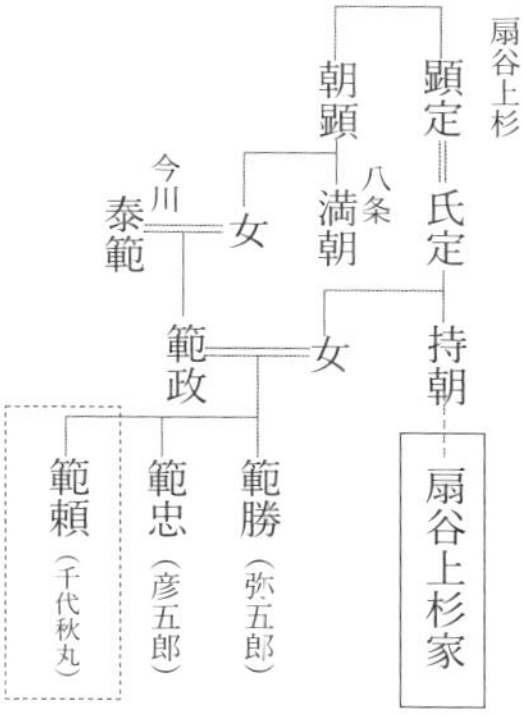

先代当主今川範政は母に上杉朝顕《うえすぎともあき》の娘を持ち、妻も上《うえ》杉氏定《すぎうじさだ》の娘という強固な婚姻関係を築いていたことから、関東情勢の影響を強く受ける立場にあったからである。

今川惣領家の領国「駿河国《するがのくに》」は鎌倉公方の指揮下である関東十ヶ国《かんとうじゅっかこく》には属さないものの、幕府官国《ばくふかんごく》の最東端にあり、その立地と婚姻関係によって関東鎌倉府の影響を過分に受けていた。

このような地勢的問題もあり、将軍・足利義教は駿河今川家の家督相続には慎重な姿勢を示していた。こうした問題に四代将軍・足利義持《あしかがよしもち》の晩年期から五代将軍・足利義量《あしかがよしかず》の幕下で、二代に渡って政治顧問として重用された三宝院満済《さんぽういんまんさい》が大きく関与し対策にあたった。

永享年間《えいきょうねんかん》初頭、中央（京都）政界では応永年間に起きた「上杉禅秀《うえすぎぜんしゅう》の乱」を発端《ほったん》に鎌倉公方・足利持氏《あしかがもちうじ》と京都扶持衆《きょうとふちしゅう》の関係は悪化し、「小栗満重《おぐりみつしげ》の乱」などの騒動が尾を引いていた。

そして、京都扶持衆を擁《よう》する室町（京都）幕府と関東鎌倉府（足利持氏）の対立は次第に顕著《けんちょ》となった。

そのような時勢《じせい》にあって三宝院満済は自身のコネクションを最大限活かし、関東情勢を窺《うかが》がっていた。

三宝院は真言宗《しんごんしゅう》醍醐派《だいごは》の本山《ほんざん》で鎌倉時代後期から南北朝時代にかけて、足利尊氏によって厚く保護され、三代将軍・義満期には今小路基冬《いまのこうじもとふゆ》の子息・満済が足利義満の猶子となり、醍醐寺座主《ざす》を兼帯《けんたい》し「黒衣《こくい》の宰相《さいしょう》」とまで称された。

満済の事績《じせき》は幕府と鎌倉府との緊張《きんちょう》がピークに達する四代将軍・義持期から徐々《じょじょ》に頭角《とうかく》が見え始め、その存在と発言力は「幕府の重鎮《じゅうちん》」へと変遷していく。

関東鎌倉府との対立は列島諸地域《れっとうしょちいき》に散り散りとなっていた南朝残党《なんちょうざんとう》との衝突《しょうとつ》に並ぶ懸念《けねん》材料《ざいりょう》の一つで、満済は三宝院主＝醍醐寺座主《だいごじざす》が持つ独自のコネクションから使僧らを各方面に送り、当時の最新情勢を間近《まぢか》で見聞し対策に勤《いそ》しんだ。

満済は今川範政とは音信《いんしん》を交わすなど良好な関係を構築《こうちく》しており、今川下野守と並行して駿河今川家と足利将軍の仲介者《ちゅうかいしゃ》となっていた。

駿河今川家の家督相続や関東鎌倉府と対立問題に対し、幕府が登用した人物が今川右衛門佐入道（貞秋）と今川下野守（那古野氏）で、彼らは当時の遠江今川氏の棟梁《とうりょう》と副官的地位にあった。

中でも今川下野守の子息・尊藤丸《そんとうまる》は醍醐寺の僧籍《そうせき》に入り、十七歳の時に満済の許で得度していることから満済と今川下野守の関係は蜜月《みつげつ》であった。

今川貞秋と今川下野守の幕政登用《ばくせいとうよう》が重んじられた背景は、いくつかの複合的要因があったと考えられるが、主要因《しゅよういん》として応永年間初頭に今川了俊が失脚した際に、今川仲秋が早い段階で幕政に復帰していた点も大きい。

了俊の失脚以降、遠江今川氏の勢力は弱体化傾向《じゃくたいかけいこう》にあったが、仲秋の幕政復帰によって今川貞秋・下野守らは将軍近習として活躍する機会を与えられるなど、今川庶家の中でもその存在は一線を画していた。

当時の室町幕府の政治機構は有力守護《ゆうりょくしゅご》で形勢された「合議体制《ごうぎたいせい》」のグループの他に、将《しょう》軍近習《ぐんきんじゅ》らで連《つら》なる少数精鋭《しょうすうせいえい》の「専制体制」グループがあり、応永年間には両体制によって政《せい》権争奪戦《けんそうだつせん》が起きていた。

政権への関与は有力守護で形成された合議体制派が主体となっていたものの、後者のコミュニティに属す今川貞秋と下野守は関東鎌倉府との対立や駿河今川家の家督相続に関する問題解決にあたっていくつかの好条件を満たす適任者《てきにんしゃ》であった。この為、両者は満済や管領・細川持之《ほそかわもちゆき》から抜擢されたのであろう。

永享五年（一四三三）四月、今川〔上総守《かずさのかみ》〕範政《のりまさ》が病に臥《ふ》せた事で二男・弥五郎（今川範勝《いまがわのりかつ》）と末子・千代秋丸（小鹿範頼）をそれぞれ支持する陣営の間で対立が生じ、千代秋丸を次期当主として掲《かか》げる一派が討たれた。

六代将軍・義教は駿河国へ使者を派遣し、管領らと協議《きょうぎ》の上、彦五郎（今川範忠《いまがわのりただ》）を範政の相続者とする意思を固めた。中央政界では将軍・義教の後押しで方針が定まり、駿河今川家の相続問題は一旦落ち着きを見せていた。

しかし、後継候補《こうけいこうほ》の対立で駿河国内に交戦が避けられない事態に陥《おちい》った場合に限って、弥五郎を相続人《そうぞくにん》として認める「将軍・義教文書《よしのりもんじょ》」を使者が弥五郎に渡してしまい混乱が生じていた。

時を同じくして駿河国内では四代当主・範政が推挙《すいきょ》する千代秋丸を擁する陣営と、「義教文書」によって正統を得た弥五郎を支持する陣営、幕府の方針で相続人となった彦五郎の三陣営が乱立《らんりつ》して混乱していた。

永享五年（一四三三）六月、将軍・義教は

後継候補	支持者（幕府）	支持勢力（当地）	対応者（窓口）
弥五郎（今川範豊）	山名時熈 今川貞秋		細川持之
千代秋丸（小鹿範頼）	細川持之	狩野氏 進藤氏 富士氏 興津氏 三浦氏 跡部氏	山名時熈
彦五郎（今川範忠）	足利義教 今川下野守	朝比奈氏 矢部氏 岡部氏	

駿河今川家　家督候補

今川遠江入道（貞秋）を上洛させ、狩野《かの》氏・富士《ふじ》氏・興津《おきつ》氏ら国人と矢部《やべ》氏・浅井《あさい》氏など内者《ないしゃ》が今川惣領家の家督相続者を彦五郎にすることを支持する立場であることを確認し、起《き》請文《しょうもん》を書かせている。

　想定される不満分子《ふまんぶんし》を最小限に収める為に、千代秋丸方の窓口には相伴衆《しょうばんしゅう》・山名時熙《やまなときひろ》をたて、弥五郎方の窓口には管領《かんれい》・細川持之《ほそかわもちゆき》をたててそれぞれ問題の対処を試《こころ》みた。

同年六月三日、駿河国へ御内書《ごないしょ》が通り、彦五郎範忠が駿河今川家の五代当主となることを正式に通達し、彦五郎範忠が駿河国へ下向するための手筈《てはず》を整《ととの》えた。

　六月二十七日、彦五郎範忠は駿河守護職《しゅごしき》と一家惣領を拝され、〔民部大輔《みんぶのたいふ》〕に任じられ京都を出立《しゅったつ》する準備を終えた。

　永享五年（一四三三）六月二十九日、民部大輔に補され「一家惣領」と新「駿河守護」となった今川範忠は今川下野守と共に京都を立ち駿河国を目指すため旅立った。

同月四日には彦五郎範忠と入れ替わる形で今川弥五郎（範勝）が上洛し、将軍から扶持を与えられた。

　今川下野守は在京奉公衆の一員で万里小路《までのこうじ》（京都府京都市下京区）周辺に今川貞秋・氏秋らと共に居住《きょじゅう》していたことが見込まれるが（『土佐国蠧簡集』『尊卑分脈』：京ニ而万里小路）、

永享五年までには、尾張那古野が下野守の所領となっていることが認められる。

この那古野荘の相続あるいは領地改替に関しては幕府内部で何らかの政治的判断があったことが想定されるが、仔細《しさい》は不明である。

同年七月七日、今河民部大輔範忠が尾張那古野の今川下野守の所領にある館へ到着した。

この館が柳之丸《やなぎのまる》（那古野城）の直接的な前身にあたる建物であったと考えられる。

下野守館では後続の使者と合流し、範忠が駿河国へ入国する日取りを協議《きょうぎ》した結果、七月十一日が吉日であるとして範忠一行は数日間、尾張那古野に逗留《とうりゅう》していたようだ。

七月十七日に入ると駿河守護へ就任し本領でお披露目《ひろめ》間近である今川範忠に対して、協力し忠節を尽くすことを求める「管領奉書《かんれいほうしょ》」が申請されており、将軍・義教より認可《にんか》されている。

この奉書による効力か今川庶家の今川治部少輔《じぶのしょう》や今川新野《にいの》氏らは惣領・範忠をバックアップする今川貞秋並びに今川下野守に付き従っている。

今川新野氏と今川治部少輔は遠江国を母体とする今川庶家で、治部少輔に関しては『今川《いまがわ》記《き》』曰く了俊の嫡孫・貞相《さだすけ》(貞臣の息男)がその官途受領名《かんとずりょうめい》を称していることが明らかである。

両人を含め尾張・遠江今川氏が強固な関係性を築いていたことが確認できる。

七月十一日の駿河国入りを目指して今川下野守の所領・那古野を発《た》った今川範忠一行であ

ったが、三浦氏、進藤《しんどう》氏、狩野氏、興津氏、富士氏ら駿河の在地勢力が共謀《きょうぼう》し範忠一行の駿河入国を阻止しようと合戦に発展した。

今川貞秋の軍勢が駆け付けるも貞秋の内者・寺島但馬《てらじまたじま》入道《にゅうどう》と中田《なかた》某が討ち死にしている。（『相国寺供養記《しょうこくじくようき》』に登場する今川貞秋の従者・寺島但馬守《てらじまたじまのかみ》泰行《やすゆき》の入道号か）

今川下野守・範忠一行は先に駿河に入っていた今川貞秋と合流した事で戦力はそれなりの規模《きぼ》へと膨《ふくれ》れ上がり、新守護を快《こころよ》く思わない国人衆《こくじんしゅう》らに応戦して彼らを何とか退けた。

七月二十六日、将軍・足利義教は駿河国の乱《みだ》れを懸念《けねん》し、今川播磨守《いまがわはりまのかみ》を駿河へ下向させ治安の維持を図《はか》った。

この頃の今川播磨守の立場はとても不安定であり、将軍・義教は範忠が播磨守に対して「不快儀」に思っていないかを心配していたが、それ以上に播磨守が駿河へ下向した事で狩野氏ら国人衆の反発が強くなりかえって混乱を生む結果となった。

この混乱を鎮圧《ちんあつ》するため、狩野氏らの京都《きょうと》召還《しょうかん》も視野に入り、三河・遠江の軍勢を駿河国に向けて支援派兵《しえんはへい》する事が検討されていた。

今川範忠の入国に対し強い反発を示し軍事行動を起こした狩野氏・富士氏・興津氏らは六月初旬には今川貞秋を通じて新駿河守護となる範忠を支持する事を表明し、その意思を既に幕府へ伝えている。

それであるにも拘わらず軍事衝突へ発展していることから何らかの不和が生じていることは明らかであり、宿老《しゅくろう》・畠山満家《はたけやまみついえ》は貞秋が「駿河国の情勢変化《じょうせいへんか》を把握《はあく》できていないのではないか」と駿河入国問題《にゅうこくもんだい》を危惧《きぐ》している。

今川範忠方から今川播磨入道の駿河下国後の様子を伝える一報が満済に入っており、今川《いまがわ》尾崎伊予守《おざきいよのかみ》は範忠には加勢せず不参陣であり、今川名和三郎《いまがわなわさぶろう》は播磨入道の手に属していることが伝えられた。

今川尾崎氏は貞兼《さだかね》が〔左京亮〕の官途を持つことから、母方土岐氏由来《ときしゆらい》の尾張尾崎村を有していた事が予測され、尾崎村の南方那古野荘の知行主《ちぎょうぬし》〔左京亮〕殿代〔下野守か〕と連携していた可能性もある。

〔左京亮〕領が今川下野守に宛がわれ、下野守が主導権を握ったことで、尾崎氏は範忠一行や幕府に対して非協力的姿勢であったという経緯が推量される。

同年閏七月二十八日、駿河国中に所々《ところどころ》火の手があがり遠江・三河の勢力が早々に駆け付け、対処にあたるなど駿河情勢は悪化の一途をたどったが、九月三日に狩野氏の居城《きょじょう》〔湯島《ゆしま》城《じょう》〕を陥落せしめた。これらの要因が重なり、反発する在地勢力と範忠方の形勢は入れ替わり範忠一行の勝利は確定的なものとなった。

駿河紛争《するがふんそう》で勝利を治めた範忠は、十月十四日には万が一の時のために弥五郎範勝に渡していた家督継承《かとくけいしょう》に必要な鎧や太刀を受け取り、無事駿河守護と相成《あいな》った。

これらを見届けた将軍は今川貞秋・今川下野守・今川貞相らの功を称えて感状《かんじょう》を贈った。

駿河守護の入国をめぐった騒動から凡《おおよ》そ一年が経過した頃、満済は病に伏せていた。満済の病状が回復したとの知らせを聞いた今川貞秋と下野守は回復を祝って満済に対し、それぞれ一千疋《ひき》を贈っている。

永享六年七月二十日には、駿河国《するがのくに》安部山《あべやま》を根拠としている狩野氏の動きが活発化していることが今川方の使者・朝比奈《あさひな》氏によって京都にもたらされており、狩野氏と鎌倉公方・足利《あしかが》持氏《もちうじ》との間に内通の嫌疑《けんぎ》がかけられていた。

狩野氏一族は駿河国を母体とする一族ではあるが、関東鎌倉府との関係を重視していたので駿河守護今川氏（範忠）と関東鎌倉府との繋がりを絶《た》ちたい幕府にとって狩野氏の扱いは慎重《しんちょう》を要する存在であった。

同年十月二十八日、駿河守護・今川範忠と幕府間の雑掌《ざっしょう》（取次）を務める今川貞秋と今川下野守、葛山《かつらやま》氏らを通じて幕府に注進《ちゅうしん》があり、鎌倉公方・足利持氏による「野心」が露見《ろけん》していることが報告され、都《と》鄙《ひ》関係《かんけい》（鎌倉府と幕府の関係）を案ずる将軍や宿老は足利持氏に対し警戒心を高め、関東情勢に対する情報収集に注力を始める。

翌十一月二日、駿河守護・今川範忠の注進を受け事態を重く受け止めた満済は鎌倉公方・足利持氏の動静について評議を開くことを進言した。

このような状況下において満済は独自の情報網《じょうほうもう》をめぐらし、足利持氏や関東鎌倉府と接点を持つ者にコンタクトを取り京都へ招集《しょうしゅう》する動きを見せた。

翌日、満済は足利持氏のより正確な動向を探るため今川下野守を上洛《じょうらく》させた後に管領・細川持之などを交《まじ》え、鎌倉府並びに鎌倉公方・足利持氏に対する評議《ひょうぎ》を行う事を進言《しんげん》した。

十一月始めに招集をかけられた下野守が中央（京都）に上洛するまでには凡そ一か月の期間を要しており、下野守は関東の眼界《がんかい》にある駿河国周辺で足利持氏に関する情報を集めていた事が思索《しさく》される。

同月十一月二十八日、今川下野守が駿河国より京都に到着し、兼ねてより関東周辺国《しゅうへんこく》・関係者から見聞していた鎌倉公方・足利持氏の野心について満済に仔細を伝えた。

また、これに関連して以前より鎌倉公方に内通していると囁かれ、反幕府的動向が目立つ狩野氏や興津氏の処遇《しょぐう》についても満済と下野守は討議《とうぎ》を重《かさ》ね、将軍・義教と対面した後、管領・細川持之らを交え関東情勢について協議する場を設《もう》けた。

今川下野守招集後の対応の速さからも将軍・義教並びに幕府が関東との衝突に危機感を覚えていたことが窺がえる。

十二月三日、満済と管領・細川持之の許に今川下野守が召し出され、細川持之は足利持氏の思惑と駿河国並びに関東情勢について下野守にいくつかの問題を尋ねた。

・狩野氏や興津氏がどの程度鎌倉公方・持氏と結びついているか、また、どのような対処をすれば良いか。
・関東鎌倉府が幕府に対し反乱を起こした場合に幕府はどのように対抗すべきか。そのような事態に陥った際に駿河今川家の動静はどのような経過を辿るか。
・鎌倉府の管国に面する駿河国は大事に至った場合、弱体化は免れないがどのように思うか。

細川持之と満済はこれらの問題に対する今川下野守の答弁を傾聴《けいちょう》し、鎌倉公方・足利持氏の思惑を推量し如何《いか》なる場合にも対処できるよう討議を繰り返した。

今川下野守は両者の質疑《しつぎ》に対し現地の状況やどのような対処が有効《ゆうこう》であるか順に答えた。まず、狩野氏や興津氏の赦免《しゃめん》に関しては「以前、今川貞秋と私（下野守）が申しいれた案の通りで良い」とし、今川方の使者である矢部修理亮《しゅりのすけ》・朝比奈近江守《おうみのかみ》らを京都に招集し、狩野氏、興津氏、三浦氏を召し合わせた上で反対勢力に起請文を書かせて対処する。

足利持氏の野心に関しては既に伊豆《いず》勢が富士下方《ふじしもかた》に進出しているという風聞《ふうぶん》を聞き及んでおり、伊豆から駿河の境《さかい》までは二、三里《り》ほどの距離しかなく、駿河府から対抗勢力を挙げるにしても、富士下方伊豆境までは十六里と数倍の距離があり、ましてや遠江国や三河国から支援軍はいざという時に役に立たない。

駿河国の弱体に関しては、鎌倉公方の影響が強い狩野氏以下国人が駿河の地に根を張っているので、これらの問題は絶える事がない状況にある。

国人・内者がそもそも民部大輔（今川範忠）のことを軽んじているので、これらに関しては努力する以外の対処法は無い。

今川下野守はそれぞれの問題にこのように回答し、管領・細川持之は足利持氏の「野心」に加担する国人らの処遇など、関東情勢の乱れに絡むいくつかの問題は先手を打つ事で対処が可能となった。

永享七年（一四三五）三月十日、今川下野守は駿河守護・今川範忠が今月中に上洛する由の報告を受けた。

同月十三日、満済は現在の状況で駿河守護（今川範忠）が上洛する必要はないので、上洛中止の飛脚《ひきゃく》を早々に立てたが、既に出立後《しゅったつご》であれば、これを許可するように将軍・足利義教に進言してあるので状況に合わせて進退《しんたい》するよう伝える旨の返事を今川下野守に託《たく》した。

この後の情勢に関しては、満済が六月に病没してしまう為、「准后日記《じゅごうにっき》」の記述は途絶えてしまい、今川下野守の動向や今川範忠が上洛したのかどうかの足取《あしど》りは不明となる。

今川範忠が下野守に対して突然上洛の報を伝えたのは関東情勢が緊迫《きんぱく》し始めたことに起因し、上洛する旨を伝えたのであるが、幕府は駿河守護不在の駿河国周辺事情が気掛かりであったので、駿河守護の面目を潰さぬよう上洛を早急に中止させたいという思惑《おもわく》があった。

駿河今川氏はかつては扇谷《おうぎがやつ》上杉氏との婚姻関係から強固な血縁で繋がっており関東鎌倉府から強い影響を受けていた。

だが、第四代当主・範政没時におきた家督相続問題に幕府（将軍や管領）が介入し、遠江の今川貞秋と那古野の今川下野守に対処に当たらせ、駿河の新守護・範忠を裏方で支えるという新体制を確立《かくりつ》させた事で関東からの影響を極力《きょくりょく》排除《はいじょ》する事に成功した。

先年に今川下野守が幕府に取り次いだ駿河守護・今川範忠からの急な上洛の知らせからは鎌倉公方・足利持氏と室町幕府の対立が以前にも増して緊張感が高まっていることを伝えていた。

関東管国と幕府管国の狭間《はざま》にある駿河国境沿いでは、関東方・幕府方にそれぞれ属す諸勢力間で緊張感《きんちょうかん》が高まった。

永享十年（一四三八）八月には将軍・足利義教を始め管領・細川持之、三宝院満済が兼ねてより警戒していた関東公方・足利持氏による関東管領・上杉憲実《うえすぎのりざね》への攻撃が始まった。上杉憲実が幕府に救援を請うたことで、幕府は諸氏を動員し足利持氏と交戦に及んだ。

これが世にいう「永享《えいきょう》の乱」である。幕府は永享五年（一四三三）より今川下野守と管領・細川持之らの討議によって作戦立案された関東対策案《たいさくあん》の幕府方防衛から対足利持氏包囲網《ほういもう》へと関東問題の警戒段階《けいかいだんかい》を引き上げた。

駿河守護・今川範忠は「永享の乱」の前哨戦となる関東公方・持氏と関東管領・上杉氏との対立・衝突が免れない事態になった段階で葛山氏から知らせを受けており、永享七年（一四三五）から始まった足利持氏の軍事行動は関東管領上杉氏だけの手では負えない状態に陥った事を悟り幕府にも関東の最新情勢を注進していた。

永享の乱

将軍・義教以下幕僚《ばくりょう》は取り急ぎ鎌倉公方・持氏の叔父に当たる陸奥の篠川公方《ささがわくぼう》・足利満直《あしかがみつなお》に上杉憲実救援を命じ、駿河守護・今川範忠や信濃守護・小笠原政康《おがさわらまさやす》を動員し、鎌倉公方と対立していた上杉禅秀の息である上杉持房《うえすぎもちふさ》・教朝《のりとも》らをも招集し、幕府による持氏討伐軍《とうばつぐん》を形成し派遣《はけん》した。

幕府は先陣の討伐軍に加えて斯波《しば》民部少輔《みんぶのしょう》家の斯波持種《しばもちたね》や斯波氏被官の甲斐《かい》常治《じょうち》や朝倉《あさくら》教景《のりかげ》らにも招集をかけ関東へ出兵《しゅっぺい》させている。

永享十年（一四三八）八月十九日、管領・細川持之は狩野氏、葛山氏ら八人の駿河国人たちに向けて駿河国山東《するがのくにやまひがし》に今川右衛門佐入道《うえもんのすけにゅうどう》（今川貞秋）が入国するので忠節を尽くすよう命じた。

今川貞秋の駿河下向の背景には関東へ出発した駿河守護・今川範忠の不在によって関東管国・伊豆と国境を面する駿河国山東地区に治乱が起ることが予見されたことから駿河諸氏に対して範忠に代わる当面の代替《だいか》え領主として貞秋に従うよう希求《ききゅう》したものと推定される。

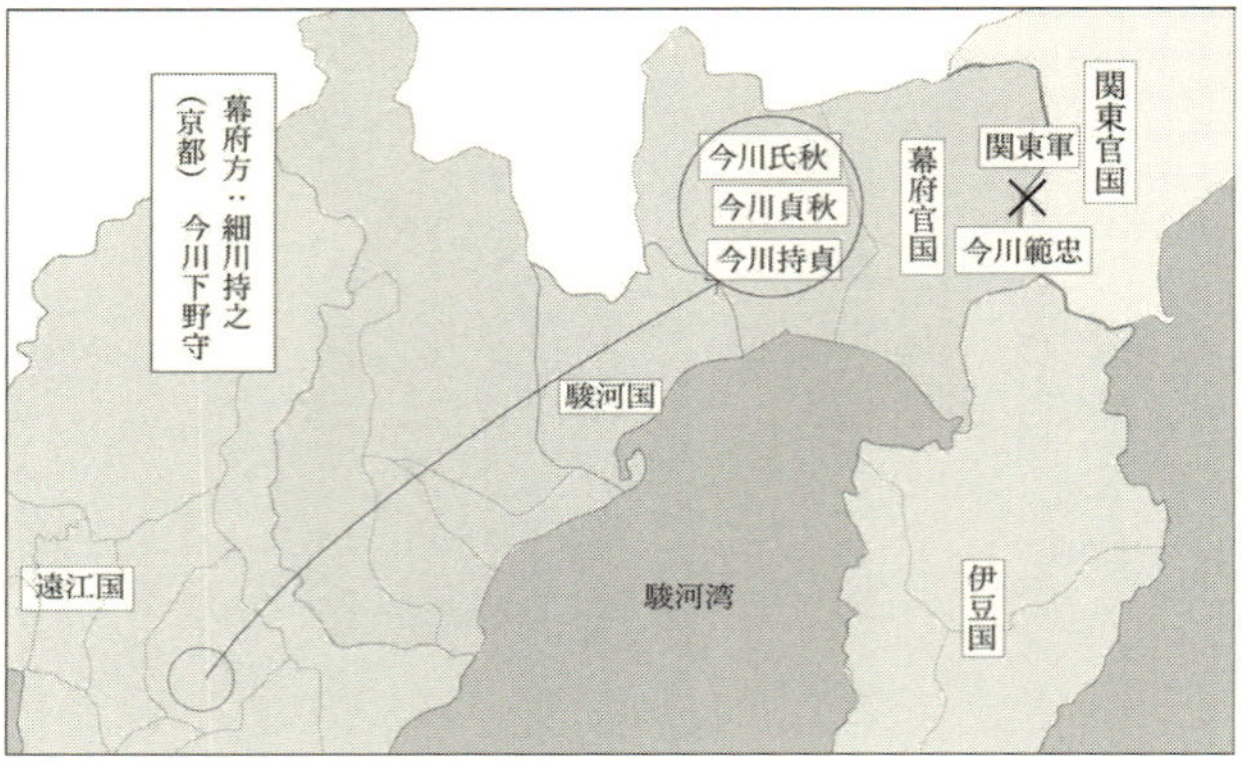

京都から下向した今川貞秋の許《もと》には東遠江から動員された一族が集結した。駿河・伊豆間の国境では防衛並びに関東に発向《はっこう》する討伐軍が編成され、大将格の今川氏秋（貞秋弟）、今川持貞《いまがわもちさだ》（貞秋子息）らに駿河の国人が従い国境問題に対峙した。

この時点の今川下野守の所在ははっきりとしないが奉書を見る限り管領・細川持之と今川範忠の間を取り次いでいたようであるから、幕府から招集がかけられ細川持之らの傍《かたわ》らで従事していたことが思索される。『薩戒記《さっかいき》』の著者である中山定親《なかやまさだちか》は永享十年八月十日に駿河山東に入った今川貞秋の子息・今川持貞が正五位上に相当する官位「中務大輔《なかつかさのたいふ》」を所望《しょもう》していることをそのまま上申《じょうしん》し叙任《じょにん》の手続きを行っている。（『薩戒記』は永享九年の事としているが翌十年の誤りであろう。）

　持貞の「中務大輔」叙任の背景について、同記は続け様に小笠原政康や山内上杉憲顕《やまのうちうえすぎのりあき》らの叙任手続きを次々と差配《さはい》しており、彼等《かれら》は何《いず》れも関東公方・足利持氏との戦いで戦功を挙げた人々であるから、「永享の乱」序盤における論功行賞《ろんこうこうしょう》の申請過程《しんせいかてい》の記録と推量される。

　定親は永享八年（一四三六）より将軍・義教の命を受け朝廷《ちょうてい》と幕府間の交渉を担う「御《お》祈伝奏《いのりてんそう》」と「禁中伝奏《きんちゅうてんそう》」に任じられたことから、このような手続きを担《にな》い記録を残していた。「永享の乱」における幕府方と関東方の戦局《せんきょく》は幕府方の事前対策《じぜんたいさく》が功《こう》を制《せい》し、単純な戦力では推《お》し測《はか》れない大きな差が生まれていた。

　将軍・義教が後花園天皇《ごはなぞのてんのう》から「綸旨《りんじ》」と「錦《にしき》の御旗《みはた》」を賜り関東公方・足利持氏を「朝敵《ちょうてき》」に見立《みた》てたことから、幕府方の持氏討伐軍の動員は膨れ上がり、その差は歴然《れきぜん》としていた。

　関東公方・足利持氏の側近上杉憲直《うえすぎのりなお》は相模国榎下城主《さがみのくにえのしたじょうしゅ》で、当初は関東管領・山内上杉家と敵対し交戦状態にあったが、幕府方の勢力が足柄山《あしがらやま》を越えて相模国西郡まで押し寄せたので関東公方・持氏方の大将として早川尻《はやかわじり》（神奈川県小田原市）で幕府軍と対峙した。

　九月二十七日、「早川尻の戦い」で上杉《うえすぎ》〔陸奥守《むつのかみ》〕憲直《のりなお》と相対した幕府方の今川持貞は、持氏方の大将・上杉憲直を捕らえる戦功を挙げ太刀や腹巻《はらまき》などの褒美《ほうび》が将軍より与えられた。

　また、今川持貞の下で良い働きをみせた駿河の国人興津美濃守《おきつみののかみ》も、将軍より太刀が一振《ひとふ》り与えられ、その軍功が労られわれた。

宛て名には「今川中務大輔」とあり、この奉書が出された頃には先述した持貞の〔中務大輔〕所望が無事《ぶじ》聞き届けられ叙任されていることが認められる。

永享十年（一四三八）十一月十八日、幕命《ばくめい》によって都鄙の堺（関東・幕府管国間の国境）である駿河山東に下向し治安維持《ちあんいじ》を図っていた金吾《きんご》（＝右衛門佐入道・貞秋）の許で、かねてより鎌倉公方・足利持氏に与していた狩野氏が今回の動乱の最中も持氏に呼応《こおう》する動きを見せたことで、矢部氏・朝比奈氏と対立が免《まぬが》れない状態となった。

矢部氏・朝比奈氏と狩野氏が対立するという図式は、今川範忠の守護就任時にも見られた対立であり、当時は今川貞秋と下野守の軍勢で駿河の国人を抑えたが、今回の永享の乱では鎌倉公方・持氏追討《ついとう》を優先事項とし、事態を穏便《おんびん》に治める為に幕府は狩野氏との交戦を緩《ゆる》める気の無い矢部氏・朝比奈氏を駿河国から退出《たいしゅつ》するよう命じた。

十一月に差し掛かると早川尻の戦いで多数の戦力を失った足利持氏は劣勢《れっせい》を覆《くつがえ》すことが難しく、海老名《えびな》まで退くと幕府に恭順《きょうじゅん》を誓って鎌倉の永安寺《えいあんじ》へ入り乱れは収束へと向かった。

関東鎌倉府の終焉

室町幕府方の大軍勢による関東諸勢力の鎮圧で敗北が決定的となった鎌倉公方・足利持氏は自刃《じじん》に及び、関東鎌倉府は終焉《しゅうえん》の時を迎えた。「永享の乱」後の関東統治《とうち》を思慮《しりょ》して六代将軍・足利義教《あしかがよしのり》は自《みずか》らの子を新たな「鎌倉公方」として下向させることを試みた。

永享十二年（一四四〇）三月、これに反発した持氏残党の関東諸勢力や下総《しもうさ》の結城氏朝《ゆうきうじとも》・持朝《もちとも》父子らが持氏の遺児を擁立《ようりつ》し、室町幕府に対して反旗《はんき》を翻《ひるがえ》すと「結城合戦」へと発展した。結城氏や持氏残党を鎮圧《ちんあつ》するため、永享十二年幕府は再《ふたた》び先年の持氏討伐に貢献《こうけん》した上杉《うえすぎ》清方《きよまさ》・今川範忠・小笠原政康ら大将とし、再び討伐軍を編成し関東に向けて軍勢を派遣した。

同年四月八日に今川貞秋が関東へ下向し、二日後の十日に斯波民部少輔家の持種《もちたね》（大野持種とも）も続いて関東へ下向している。

斯波民部少輔家は持種の父・満種《みつたね》の代に四代将軍・義持より勘気《かんき》を蒙《こうむ》り、加賀守護職《かがしゅごしき》を失うが、持種が四代将軍から偏諱を賜り斯波〔武衛《ぶえい》〕家の有力一門として民部少輔家を再興に導いた。

持種は斯波武衛家の当主である義淳《よしあつ》・義豊《よしとよ》・義郷《よしさと》が相次いで没すると、僅か二歳で家督を相続した義健《よしたけ》の後見役《こうけんやく》として実質的に武衛家の政務を執り仕切った。

このため、持種自身は斯波氏庶流の民部少輔家の出自であるが、武衛家（尾張勢、遠江勢を含む）の勢力を率いていた。

「結城合戦」の顛末に関しては、結城城《ゆうきじょう》に籠城《こじょう》した結城氏ら勢力は、翌嘉吉《かきつ》元年（一四四一）まで持ちこたえたが、四月には落城し討ち取られ、鎌倉公方・足利持氏の遺児・春王丸《はるおうまる》と安《やす》王丸《おうまる》が処されたことで事態は収束を迎えている。

しかし、この永享十二年～嘉吉元年（一四四〇～一四四一）にかけて斯波持種と今川貞秋の間に大きなトラブルが勃発していた。

遠江今川氏の棟梁・貞秋の没落を呈するかのような動きもこの頃、垣間見える。

貞秋と随伴《ずいはん》傾向にあった今川那古野家の動向は貞秋との連帯が減少し、嘉吉元年頃から幕府奉公衆一番衆の今川関口《せきぐち》氏（今川刑部大輔《ぎょうぶのたいふ》家）との連帯が増えており、幕府による今川垂木《たるき》家と今川那古野家の切り離し策のようにも見受けられる。更に決定的な事件も続く。

嘉吉元年（一四四一）六月、六代将軍・足利義教が播磨《はりま》・備前《びぜん》・美作《みまさか》の三ケ国守護である赤松満祐《あかまつみつすけ》の謀反《むほん》によって殺害されるという大事件が起きた。

赤松満祐「謀反」という京都の大乱を聞いた駿河今川家の範忠は、幕命を待たずして早々に嫡子・龍王丸《たつおうまる》（義忠《よしただ》）を今川下野守の所領下である那古野に向かわせた。

範忠の名代・義忠は上洛するために今川下野守の所領に千余騎の軍兵を率いて入部すると、尾張熱田《あつた》に陣営を敷いた。

ここで幕使の二名が合流し、「京都では既に山名氏によって編成された討伐軍の手によって赤松氏が捉えられた。」という報を聞き、大軍を引き連れて上洛する必要もないであろうと判断して、自身は駿河へと引き換えした。

範忠の名代としては石川八郎左衛門《いしかわはちろうざえもん》、新野佐馬助《にいのさまのすけ》、庵原安房守《いはらあわのかみ》らが役目を引き継ぎ、二百騎を上洛させ幕府に弔問《ちょうもん》したという。今川石河氏や今川新野氏に加え、後年那古野城の警固《けいご》番《ばん》を務める庵原安房守がこの頃、今川軍の使者として尾張那古野や京都に姿を現すようになる。

彼らの指揮権が遠江今川家の今川貞秋の手を離れ駿河今川家や那古野今川家の手に移っていることも綻《ほころ》びの一端であろうか。

東海地方に分布《ぶんぷ》する駿河・那古野両今川氏が遠江今川氏一族を分散させるような動向は、視点を変えれば幕府に睨《にら》まれた同胞《どうほう》を守るための回避術のようにも思える。

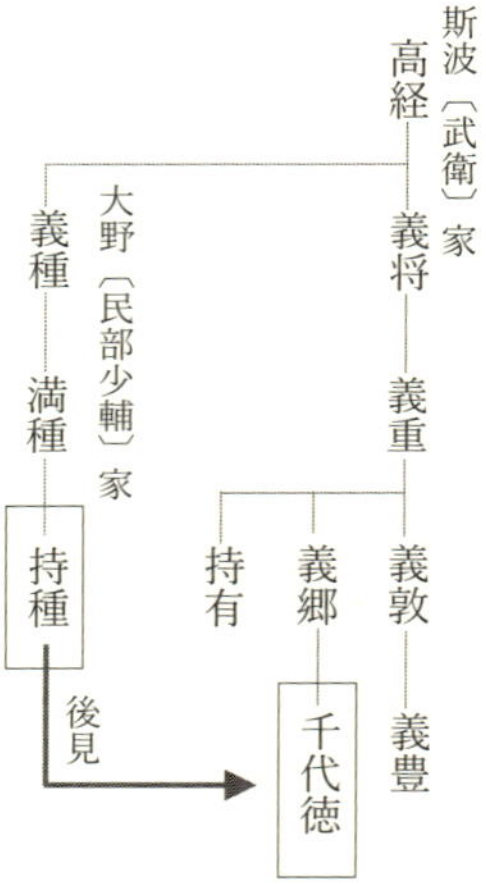

嘉吉元年（一四四一）七月、六代将軍・義教の暗殺に伴って跡を継いだ八歳の幼君・足利義《あしかがよし》勝《かつ》に代わって管領・細川持之が遠江国浅羽荘《あさばのしょう》・小松郷《こまつごう》・祝田郷《ほうだごう》に乱入を企《くわだ》てた本主《ほんぬし》（本来の知行主）の誅伐《ちゅうばつ》を斯波武衛家の千代徳《ちよのとく》（斯波義健）に命じた。

管領・細川持之が誅伐を命じた遠江国浅羽荘・小松郷・祝田郷の「本主」とは今川仲秋一派（当時の尾張・遠江守護職家）を指す事は明らかであり、応永六年（一三九九）に足利義満が了俊・仲秋の所領を召し上げ幕府の御料所としていた。つまり、遠江国浅羽・小松・祝田の三荘は本主・今川垂木家手を離れて、約四十年間に渡り幕府が実効支配し、御料所《ごりょうしょ》（直轄地《ちょっかつち》）化していたが、今川貞秋が突如《とつじょ》幕府に対して反旗を翻したので管領・細川持之は千代徳（義健）に討伐依頼をせざるを得ない状況に陥ったという事情があったようだ。

斯波武衛家の千代徳は未だ六歳の幼主であるため、民部少輔家の持種が千代徳の代理として今川貞秋討伐に乗り出したのである。

管領・細川持之は古くから遠江今川氏の今川貞秋や今川下野守を重用し幕政を担わせていた事から、貞秋誅伐には相当な理由があったことを窺わせる。

『東寺執行日記』嘉吉元年九月二十七日条
廿七日　遠江國今河殿遠州押領之間、自京都甲斐細田両人下向。

『常光寺年代記』嘉吉元年条
同九日、京より御徳政始而、諸国七道騒動。遠州今川之一門打出為奪国。時守護代立籠遠府城、遂に下落。京都下追散今川勢。今川金吾於駿州腹切、一族多同然、残勢籠井城、京勢発向首尾十六而悉責落。

『斯波家譜』
又、同十月に駿河國乃守護今川左衛門佐謀計候て、持氏の御子息を取立可申候由、鎌倉へ申合候、遠江国を打取て責上り候ハんとはかり候ノ間、持種馳向候也、誅罰を加へ候て、同霜月に上洛候つる。

これらの史料を合わせて考えれば今川貞秋は嘉吉元年（一四四一）七月、六代将軍・義教が討たれ幕政に混乱が生じる最中、三代将軍・義満によって奪い取られた遠江の旧領回復を狙って、守護・斯波千代徳（義健）が幼い隙を突き押領を謀ったと考えられる。

しかし、細川持之によって今川那古野氏を始め庶家との分断《ぶんだん》が計られるなど早々に孤立《こりつ》させられた。九月になると貞秋は遠江国府《こくふ》に立て籠もって国府を占拠したが、斯波の民部少輔持種が代官を派遣し討伐に当たったという事になるだろう。

この一連の今川貞秋蜂起と誅伐は『斯波家譜《しばかふ》』によれば貞秋が鎌倉公方・持氏の遺児を擁立して鎌倉方に迎合した為に斯波持種から誅罰《ちゅうばつ》を受けたとしている。

『常光寺年代記《じょうこうじねんだいき》』曰く、貞秋の一族（垂木氏）の多くが駿河で腹を切り自害に及んだという。

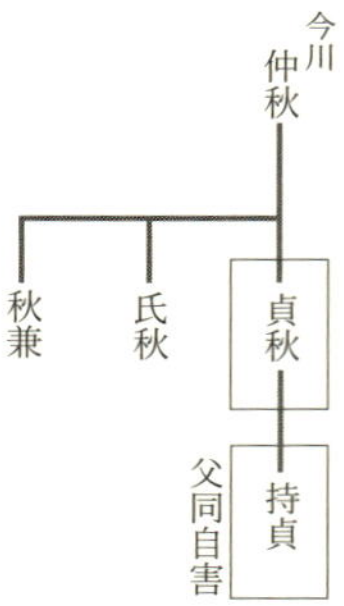

この一件をきっかけに「遠江今川氏」の惣領の座は了俊の嫡子・貞臣の系統（堀越《ほりこし》・瀬名《せな》）に移った。

渦中の今川下野守は文安年間《ぶんあんねんかん》（一四四四～一四四九）には既に「今川下野入道」と號しており、一番衆在国衆《ざいこくしゅう》として尾張那古野に在国が認められていた。

下野守が所領である尾張那古野に在国した背景には、今川貞秋が細川持之や斯波持種によって誅罰を受けたことと関連するのか定かではないが、この頃より「那古野今川氏」としての活動が明

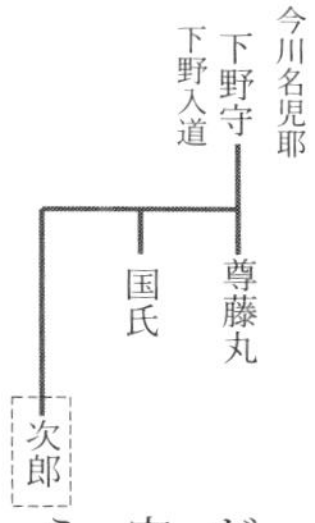

らかである。

今川下野入道は那古野に下向する際に、僧となっていた子息・尊藤丸を還俗《げんぞく》させ当主の座につけて一線を退いたのか、尊藤丸とは別の後嗣が複数人居たのかは定かではないが、応仁期には外様衆と思わしき「今川名越次郎《いまがわなごやじろう》」が吉良氏と共に在京奉公しており、御所警固《ごしょけいご》にもその姿を確認することができる。

今川貞秋と命運を分かった今川那古野家は文字通り「那古野今川家」へと変貌し、駿河惣領家との取次を始め室町幕府（京都）と関東鎌倉府（鎌倉）の衝突に際していくつか重要な役割を担い、東西機構《とうざいきこう》の力関係を保つために重要視された。

下野入道の在国が認められたのも所領・那古野が関東と京都の間に位置することや、遠江今川氏と斯波武衛家の対立で斯波官国の尾張情勢を見越してのことかも知れない。

享徳年間《きょうとくねんかん》になると先代の鎌倉公方足利持氏の息男成氏《しげうじ》が鎌倉府復興のため、関東管領及び室町幕府と対立し「享徳の乱」が勃発する。

仔細は省くが、享徳四年（一四五五）上杉氏を支援することを決定した室町幕府は後花園天皇から成氏追討の綸旨と天子御旗を得て、同年四月、四条上杉教房《うえすぎのりふさ》・今川範忠・桃井讃岐守《もものいさぬきのかみ》らを関東に下向させた。

『斎藤基恒日記《さいとうもとつねにっき》』によれば「八日、関東成氏爲ニ御退治、一今川上総駿州守護介并奉公方輩進發」と記述が残っている。当時在京していた今川〔上総介〕＝範忠は四条上杉教房や桃井讃岐守らと並んで幕府方の大将の一人に任じられ、奉公方（今川那古野氏も従ったか）を引き連れ、関東へ下向したことが読み取れる。

駿河今川家の範忠はまず駿河国に下向し、富士氏、狩野氏、葛山氏、土肥《どひ》氏ら駿河・伊豆の国人や在国奉公衆などを動員し、引率《いんそつ》した。こうして鎌倉を目指す道中、上杉・桃井方の軍勢と合流すると幕府軍は東海道を進軍して「鎌倉」に辿り着くと、鎌倉府を防衛する木戸《きど》氏、大森《おおもり》氏、印東《いんとう》氏、里美《さとみ》氏らの軍勢と衝突し、これらを退治して遂に「鎌倉」を制圧したのである。

鎌倉の制圧に成功した幕府軍は鎌倉を放棄《ほうき》し、下総古河《しもうさこが》へ逃れた足利成氏《あしかがしげうじ》（古河公方《こがくぼう》）から鎌倉を防備するため、幕府は今川範忠を鎌倉在陣の総大将に迎えた。

こうして今川家と奉公衆らは享徳四年（一四五五）～寛正元年（一四六〇）に及ぶ約四年

半「鎌倉」防備に勤めた。

このように了俊・仲秋の頃までは今川一族としての繋がりが見えていた駿河・遠江・那古野の各今川家は、この時期になるとそれぞれ領国守護《りょうごくしゅご》・追討処分・奉公衆など幕府機構における役割は細分化していた。

今川範忠は「永享の乱」の恩賞として六代将軍・義教から「天下一苗字」が与えられたというが、今川那古野家は後代に至ってもずっと「今川」苗字を名乗っていることが明らかであるから、この諸伝は若干の矛盾を孕んでいる。

「天下一苗字《てんかいちみょうじ》」に関しては清水敏之《しみずとしゆき》氏が見直し・再検討を指摘しており、近年では創作と見做《みな》される傾向にある。(『今川氏研究の最前線〜ここまでわかった「東海の大大名」の実像』：大石泰史編)

惣領家の一苗字に関しては範忠の次代(義忠期)において各家の役割分担が明確化し、惣領と庶流の違いがより鮮明となっていた影響も大きいのだろう。

中遠一揆勃発

遠江国には守護に依拠しない御料所（直轄地）を知行された奉公衆が数多く存在していた。東遠《とうえん》の勝間田《かつまた》氏・横地《よこち》氏・饗庭《あいば》氏、西遠《さいえん》の井伊《いい》氏・浜名《はまな》氏・後藤《ごとう》氏、中遠外縁《ちゅうえんがいえん》の蔭山《かげやま》氏などがその代表例である。

通常、奉公衆は守護所《しゅごしょ》（守護が居住する館）外の所縁《ゆかり》ある地に広く分布するが、遠江国では守護所・国府（静岡県磐田市見付）周域《しゅういき》を除外した地域においても分布に偏《かたよ》りが見受けられる。

彼ら奉公衆は中遠《ちゅうえん》・東遠《とうえん》地域のうち現在の静岡県袋井《ふくろい》市・掛川《かけがわ》市の一帯だけその姿が抜け落ちている。これは遠江今川氏が中遠・東遠一帯に所領を構えていたことを物語っており、大きな力を誇示《こじ》していたのだろう。

小木早苗氏はこのような状況から遠江今川氏を構成する堀越氏、垂木氏、各和《かくわ》氏、尾崎氏ら今川支族によって徒党が組まれ、血縁的一族一揆《けつえんてきいちぞくいっき》が興《おこ》されていたと提起《ていき》した。

長禄《ちょうろく》三年（一四五九）八月、瀬名範将《せなのりまさ》（今川貞臣の孫）と井伊氏が近日《きんじつ》遠江国に打ち入るので初倉庄《はつくらのしょう》（南禅寺《なんぜんじ》領）の人々は守護代《しゅごだい》に協力するようという要請が出た。

範将らの蜂起は遠江守護・斯波家の内乱で混乱に陥ったことに乗じて蜂起されたことが予測される。

斯波武衛家は当主の早世が相次いでいたので、分流である民部少輔家の斯波（大野）持種と武衛家の重臣・甲斐常治《かいじょうち》が幼主・千代徳丸（義健《よしたけ》）を後見するという一時的な二頭体制で急場を凌《しの》いでいた。持種と甲斐常治の間には武衛家の主導権を巡って静かな対立が起き始めていた。そんな最中、享徳元年（一四五二）九月、斯波義健が十八歳の若さで死去した。

義健には後嗣がなかった為、持種の子息・義敏《よしとし》が武衛家の家督と越前《えちぜん》・尾張《おわり》・遠江の三国守護を継承していた。

これによって家臣たちの不満は高まり、持種と甲斐常治の対立はいつしか主従（斯波義敏と甲斐常治）の争いに発展した。

長禄元年（一四五七）には所領の分国経営《ぶんこくけいえい》を巡って重臣・甲斐氏、朝倉氏、織田氏らと折り合いがつかず、「長禄合戦《ちょうろくかっせん》」と呼ばれる斯波家の内紛に発展していた。

この頃の中央と関東情勢は新たな展開を迎えており、足利持氏の遺児成氏によって関東情勢は荒れていた。

八代将軍・足利義政《あしかがよしまさ》は古河公方・成氏を討伐する為、武衛家主従に対し救援要請を行ったが、斯波義敏は将軍・義政の命令に従わず内紛《ないふん》（長禄合戦）の鎮圧《ちんあつ》するために甲斐氏の本拠である越前敦賀城《つるがじょう》へ向かった。

再三《さいさん》に渡る関東出兵要請に応じなかった義敏は幕府から怒りをかい、長禄三年（一四五九）五月、八代将軍・義政によって家督を子息・松王丸《まつおうまる》（のちの義寛《よしひろ》）に移譲させられた上で追放を余儀なくされた。

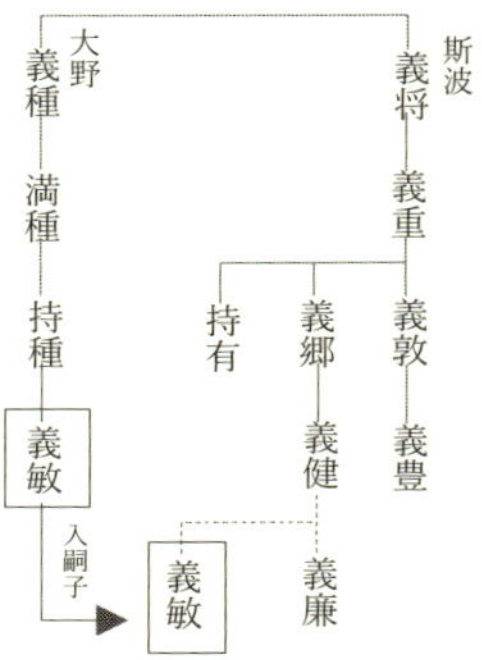

範将の挙兵にはこのような地域情勢の混乱があったと考えられ、そのような「風聞《ふうぶん》」が流れているので遠江守護代・甲斐氏に対し、合力して所領内の地下人《じげにん》に「下知《げち》を下《くだ》し対処するよう」と幕府奉行人《ぶぎょうにん》から連署《れんしょ》で南禅寺雑掌《ざっしょう》宛てに警戒令《けいかいれい》が届いていた。

しかし、史料に「風聞」とあるように、この出来事は噂が独《ひと》り歩きしていたようである。

守護・斯波氏が内紛で混乱に陥っていた事から、先の今川貞秋蜂起《ほうき》などが予見《よけん》され、そのような「風聞」が中央（京都）まで届いていたのであろう。

その後、範将は寛正《かんしょう》四年（一四六三）に将軍・義政より古河公方・足利成氏の侵攻に備《そな》えるため伊豆へ下り堀越公方・足利政知《あしかがまさとも》と協力して事態にあたっていた。

しかし、斯波氏の内紛と今川氏の討ち入りで遠江国が荒れるとする予見は然程間違っていた訳ではない。

寛正三年（一四六二）と推定される南禅寺の乗台申状案《じょうだいもうしじょうあん》には遠江国では近年、大井川《おおいがわ》の氾濫《はんらん》によって六ケ所《ろっかしょ》（初倉庄四郷二村）が流されるなど混乱していた所に年貢《ねんぐ》を悉《ことごと》く失墜《しっつい》するような事態が立て続きに起きており「遠州忩劇《えんしゅうそうげき》」とも呼べる情勢不安に陥っていた。

越前国に集《つど》っていた斯波一門は当主・斯波義敏が追放され、僅《わず》か三歳の幼主・松王丸（義寛）を擁立して混乱の収束《しゅうそく》を計らなければならないという状況の最中《さなか》、寛正二年（一四六一）八月に松王丸が当主の座を廃され、相国寺《しょうこくじ》に預けられた。

松王丸は二年後の寛正四年（一四六三）十一月には出家させられ、代わって渋川義鏡《しぶかわよしかね》の子・義廉《よしかど》が尾張・越前・遠江三ケ国守護を相続することとなった。

この騒動の発端は駿河守護・今川範忠の帰国に伴《ともな》い、京都（幕府）方の戦力が薄くなることを危惧した幕府官僚《かんりょう》が、斯波氏の軍事力を動員して戦力を補《おぎな》おうとした。

しかし、「長禄合戦」に発展した為に急遽、堀越公方・足利政知の執事であった渋川義鏡の子息・義廉に斯波家の家督を継承させることで、渋川義鏡に斯波家の軍事指揮権《ぐんじしきけん》を移譲させることが狙いにあったと考えられる。

この間、斯波（大野）持種・義敏と争っていた甲斐常治が死去し、甲斐氏当主は急遽交代劇が行われていた。

今川範将による遠州忩劇の対処は遠江守護代職を受け継いだ甲斐敏光《かいとしみつ》と同家重臣の朝倉孝景《あさくらたかかげ》が事態にあたった。

今川範将が遠州忩劇にどのような形で関与していたかは仔細が判らないものの『土佐国蠹簡集残篇』所収「今川氏系図」には「駿州於葉梨打死《すんしゅうはなしうちじに》」と記録が残っている。

寛正八年（一四六五）七月、今川範将は幕府方の了承《りょうしょう》を得た遠江守護代の追討を受け、駿《する》河国《がのくに》志太郡《しだぐん》葉梨庄《はなしのしょう》（静岡県藤枝市南駿河台）で打ち取られ、遠江の河井・堀越・中村湊《みなと》並びに駿河国の瀬名が御料所化され幕府に接収《せっしゅう》された。

貞臣・貞相・範将らに代表される了俊系《りょうしゅんけい》今川氏のこの頃の所在については、先の史料と合わせれば駿河国瀬名領から国境を跨《また》いで遠江に打ち入ったとも考えられるから、今川範将の本拠地が駿河であったか、遠江であったかは検討の余地が残る。

「遠州忩劇」の中心人物である今川範将は永享五年（一四三三）に今川貞秋や今川下野守と連帯を強化した今川治部少輔（今川貞相）の嫡子である。

このような繋がりから垂木家・那古野家・堀越家（瀬名家）・新野家らによる何らかの策《さく》謀《ぼう》・兵乱は予見される所ではあるが、史料上はっきりとはしない。

しかし、『今川記』には「是《これ》ハ遠江國侍《とおとうみくにざむらい》にて治部少輔《じぶのしょう》殿と申通《もうしとお》したる人々《ひとびと》也。」とあるように、範将に連なる今川の人々あるいは遠江の国衆（国人）が関わっていた事は確かなようである。「遠州忩劇」と呼ばれる中遠での兵乱は今川範将が討ち死のみでは収束に至らず、翌四年にも原田荘《はらだのしょう》の有力地頭《じとう》である原氏に動きがみられる。

『織田輔長奉書案《おだすけながほうしょあん》』は長禄四年（一四六〇）八月に遠州進発《えんしゅうしんぱつ》に対する野伏《のぶし》の催促《さいそく》を中止している。斯波一門の在京守護代・織田輔長（織田豊後入道《ぶんごにゅうどう》か）がかねてより尾張国葉栗《おわりのくにはぐり》郡破田村《ぐんわりでんむら》（愛知県一宮市木曽川町）の勢力を集って遠江へ進発するために尾張の勢力から遠江今川氏征討軍を編成していた様子が窺がえる。（織田氏による甲斐氏・朝倉氏の援軍か）

斯波一門では相次ぐ当主の交替劇と主従間の内紛で斯波管国の越前・尾張・遠江の情勢に不穏な空気が流れる中、尾張・遠江の旧守護・今川氏の動きが活発化し、遠江の各地荘園では侵犯押領《しんぱんおうりょう》が頻発した。

遠江今川氏の旧領における斯波家人の指導権争いによって斯波氏の権威は低下するという最悪の状況下《じょうきょうか》で「応仁《おうにん》の乱」という一大事変《いちだいじへん》を迎えることとなった。

寛正年間に接収され今川範将の所領（堀越や中村湊など）をめぐった争奪戦は狩野七郎左《かのしちろうざ》衛門《えもん》が勝利を収め幕府から貰い受けたが、同族の狩野加賀守《かがのかみ》が勝間田氏や横地氏らと手を結び狩野七郎左衛門が討たれるなど中遠情勢は更に混沌を極めた。

これらの領地が落ち着きを取り戻すのは、応仁期に入り駿河今川家の今川義忠が幕府に訴訟するなど申し出たことで堀越（瀬名）家に戻ってきたという。

「遠州忩劇」において今川範忠（駿河今川氏）や今川下野入道（那古野今川氏）からの救援が見込めなかった背景には寛正二年（一四六一）五月に範忠が死去した影響が大きい。

駿河守護家は義忠へと代替わりをしている最中で、駿河・那古野両家が古河公方・足利成氏への対処や堀越公方・足利政知の援助等で今川氏に対し出陣要請が頻発していたので、遠州情勢にまで手が回らなかったなどの諸事情が想起される。

応仁の乱勃発

寛正四年（一四六三）、将軍・足利義政の母・日野重子《ひのしげこ》の死去に伴い罪科人《ざいかにん》が恩赦され、斯波家当主の座を剥奪《はくだつ》され周防《すおう》の大内教弘《おおうちのりひろ》のもとに追放されていた斯波義敏の復帰が許されることとなった。義敏の政界復帰には伊勢貞親《いせさだちか》から口添《くちぞ》えがあり、将軍・義政を介して斯波義敏・畠山義就《はたけやまよしなり》らが恩赦されていた。

義敏の政界復帰によって斯波家の家督を譲られていた斯波義廉は焦燥《しょうそう》し、新たな問題に発展した。これら一連の騒動は「武衛騒動《ぶえいそうどう》」と呼ばれた。

幕府の政所執事《まんどころしつじ》の立場にありながら管領家の家督に口を挟んだ伊勢貞親に対して、不服を唱えた細川勝元《ほそかわかつもと》と山名宗全《やまなそうぜん》は協力して伊勢貞親を幕政から追放した。

この文正元年（一四六六）に起きた伊勢貞親や蔭涼軒主《いんりょうけんしゅ》・真蘂《しんずい》らの失脚劇は「文正《ぶんしょう》の政変」と呼ばれ、その余波は大きく「応仁の乱」を誘起《ゆうき》する原因の一つとなった。

「応仁の乱」とは応仁元年（一四七六）から文明《ぶんめい》九年（一四七七）まで十一年に渡って繰り広げられた大乱で、「応仁・文明の乱」とも呼ばれる。

一般的には将軍・足利義政の後継者に弟・義視《よしみ》を定めたのちに男児（のちの義尚《よしひさ》）が生まれ後嗣《こうし》の座を巡《めぐ》った政争や、管領・斯波氏や畠山氏の後嗣問題に幕府内の実権を競っていた細川勝元と山名宗全の対立が重なって引き起こされたとも言われる。

本書では、今川那古野氏の足跡《そくせき》を主題とするため、「応仁の乱」に対する概説はあくまで通説に習うが、近年の中世史研究の発展に伴い研究の進展が目覚ましいことを注記しておきたい。

応仁元年（一四七六）から京中に軍事行動が勃発し近畿地方《きんきちほう》は争乱となり合戦も止《や》む無しという状況に陥った。今川義忠は堀越公方・足利政知と相談し、軍勢を引き連れて上洛の道についた。

京都の命運を左右する一大事という事もあり将軍・足利義政は管領・細川勝元を始めとした細川京兆家《けいちょうけ》一同と共に「花の御所《はなのごしょ》（京都府京都市上京区）」に入っていた。

八月二十三日には東軍の総大将・足利義視（今出川殿《いまでがわどの》）は伊勢国へ下向しており、後に西軍方へ鞍替《くらが》えし上洛したという。

今川義忠は数千騎の軍勢を引率し、先陣に原氏・小笠原氏・浜松氏（浜名氏か）・庵原氏・新野氏を先導させ、後陣に高木氏・葛山氏・朝比奈氏を率いて京都へ上った。

義忠の上洛を知った山名宗全は自陣営《じじんえい》に迎合《げいごう》しようと使者を遣《つか》わし色々と便宜《べんぎ》を計ったが、義忠は「我らは公方《くぼう》（将軍・義政）の警固《けいご》の為に上洛したのであるから、東西のどちらの陣営であろうが将軍・義政が御所を構えるほうが我らの向かう所である。」と大見得《おおみえ》を切った。これには東軍の細川勝元は大いに喜んだという。

義忠はこのように見得を切って東軍方についたが、本心は西軍の斯波義廉（尾張・遠江守護職）と対陣《たいじん》する方へ属さなければ利を得ることが出来ないという心情があっただろう。

「応仁の乱」における今川那古野氏の足跡は外様衆格の働きをみせていた。東軍陣営では細川勝元側に属しており、吉良義信《きらよしのぶ》（西条吉良氏・五代当主）・赤松伊豆守らと共に今川名《いまがわな》越次郎《ごやじろう》が花の御所で警固の任にあたっていた。

『応仁記』と『応仁別記』『応仁広記』は今川名越次郎らの事績についてほぼ同等の内容を伝えている。応仁の乱の勃発当初、細川勝元は将軍・足利義政・義尚父子に加えて義視の身柄を押さえており、将軍・義政から御旗を授与《じゅよ》された。花の御所より西に陣営を置いた山名宗全軍を「西軍」と称し、東に陣営を置いた側を「東軍」と呼んだ。

細川勝元は東軍方が将軍と御旗を持つ官軍（幕府軍）であることを内外に喧伝《けんでん》したので乱の序盤では東軍が優勢に立っていた。

しかし、細川勝元と対立関係にあった中国地方の有力者・大内政弘（大内氏・十四代当主）が淀《よど》・山崎を経由して京都へ攻め上るという報が入り、東軍優勢の政局は一変して、西軍方が息を吹き返すという事態となった。

応仁元年（一四六七）八月十八日、細川勝元は東軍方の将軍家奉公衆の中に西軍に内通している者達がいるという報告を受け、花の御所に出入りする者達を厳重に調査し、後土御門《ごつちみかど》天皇《てんのう》に対して奏上《そうじょう》した。

事態を重く見た天皇は三条大納言《さんじょうだいなごん》公春《きんはる》と吉良（右兵衛佐《うひょうえのすけ》）義信に対し、「野心の族（内通者）」を割り出させ追放するよう命じた。

同月二十三日、調査の結果西軍方へ内応していた一色式部少輔《いっしきしきぶのしょう》、佐々木大原判官《ほうがん》、上野刑部少輔《ぎょうぶのしょう》、宮下野守《しもつけのかみ》、結城下野守、伊勢備中守《びっちゅうのかみ》、荒尾民部少輔《みんぶのしょう》、三上三郎、斎藤新兵《しんひょう》衛尉《えのじょう》、宮若狭守《わかさのかみ》、斎藤藤五郎、同朋専阿弥《どうぼうせんあみ》ら十二名の名を記した書付《かきつ》け（名簿帳）が将軍・義政に進上され、渦中の十二人は花の御所から退去することを命じられた。

十二名は三条公春と吉良義信に対して「山名（西軍）方を贔屓とするのは何も自分たちに限った事ではない。」と釈明し、「それにも関わらず我らばかりを矢面に立たせることは不運の至りである。」と不満を露わにした。怒りが治まらない面々は手勢の者達に武装をするように指示をした。

花の御所で一触即発状態に発展しそうな事態に陥っていたが、事態はそれだけに留まらない。山名宗全が内裏《だいり》（皇居）に討ち入って天皇と上皇を拉致《らち》するという噂が流れたことで。花の御所は異様な緊張に包まれる事態となった。

細川勝元は西軍方による天皇の拉致を警戒し、後花園上皇《ごはなぞのじょうこう》と後土御門天皇を花の御所（室町殿）に避難するよう奏上し、将軍・義政は「花の御所」を急遽、朝廷仕様に改装し、仮の内裏（皇居）とした。

これによって将軍御所が皇居を兼ね、室町将軍と天皇と上皇（のちに法皇）が同居するという状態となった。このため、禁中《きんちゅう》（皇居）警固役《けいごやく》に吉良左兵衛佐義真、吉良上総介義富、赤松伊豆守《いずのかみ》、今川名越次郎ら信頼に厚い者達が選出されたのである。

同月二十三日、彼らの許に細川京兆家の分家・野州家《やしゅうけ》の細川教春《ほそかわのりはる》・五郎兄弟が参上し、「三種の神器」を先立てて、天皇と上皇を花の御所へと導いた。この功もあってか内裏（皇居）を兼ねた花の御所の警固は吉良一族と赤松一族が担う事となった。

今川名越次郎は禁裏警固・門役などを務めていることから、幕府に仕える外様衆であることは明らかである。

彼は「今川名越（那古野）」一族であることは確かであり、那古野今川家の分流・名越治部大輔の系統とも捕らえられ「伊勢今川氏」と定義できる存在であるかも知れない。

今川名越家の家格は永享年間に奉公衆にまで降っており、どこかの段階で復帰したと考えられる。今川名越次郎が吉良義信の許で足利一門筆頭「吉良御一家」に連なる今川名越家という立場を誇示していた可能性もあるだろう。（駿河今川家なども吉良御一家の分家というブランドを上手に使い分けている。）

同月二十三日、足利義視（今出川殿）が僅かばかりの奉公衆を引き連れて伊勢国の北畠《きたばたけ》教具《のりとも》の下へと逃れたという。義視が何故北畠氏を頼ったかは諸説あるが、畿内《きない》にほど近い伊勢国国司であったという点や北畠氏が公家を出自に持つことなどが義視に信頼を置かれた点だと考えられる。

同月二十九日、義視は伊勢国小倭郷《おやまとごう》（三重県津市白山町）の常光寺に入り、同寺に赴いた北畠教具から饗応《きょうおう》を受けたという。

応仁二年（一四六八）八月、東軍・西軍によって起きた戦乱は膠着状態《こうちゃくじょうたい》になり年を越していた。

和睦《わぼく》を実現させたい将軍・義政は伊勢国に滞在する弟・義視を上洛するよう促した。

翌九月には兄・義政の上洛要請《じょうらくようせい》に応じた義視であったが、伊勢貞親の政権復帰などで兄弟間に悪化が生じており、それに伴って身の危険を感じた義視は京都から離れ比叡山《ひえいざん》へ逃れると、十一月末には斯波義廉のいる西軍陣営へと入った。

将軍や御旗を抱え込む東軍に優勢を許していた西軍陣営であったが、ここぞとばかりに西軍諸侯《しょこう》が義視のもとに集い義視を「将軍」と仰《あお》いだことで、二人の将軍が併存《へいぞん》する事態となった。

義視を擁した西軍陣営は室町幕府の政治機構をそのまま模《も》した新たな機構《きこう》を作り上げ「西《にし》幕府《ばくふ》」が誕生した。これによって西軍方は「反乱軍」という負い目は薄れ、勢いを取り戻した。しかし、これを快く思わなかった東幕府の将軍・義政は朝廷に上奏し、西軍陣営に与した公家らの官位を剥奪した上、義視を「朝敵」とした。これによって和睦どころか乱の収束は遠退《とおの》いてしまったのである。

御所の警固にあたる奉公衆は基本的には東軍陣営の立場であったが先に述べた通り、奉公衆すらも勢力が分裂していた。

この他にも東軍に属しているものの、義視との繋がりから潜在的《せんざいてき》に西軍陣営に近寄る者も生まれたことが思索される。

幕府機構が東西に分かれたことで斯波義廉は西軍（西幕府）の管領となり、東軍陣営は斯波義敏の嫡子・義良《よしすけ》（のちの義寛）を東幕府《ひがしばくふ》の遠江守護へ補任させた。

今川義忠ら上洛した勢力は将軍と謁見《えっけん》し、二百日余り御所の警固にあたったが、その後山名氏が播磨国へ下向するなどの展開に及んだので、東軍方に勝色《かちいろ》が見えてきたという。

応仁二年（一四六八）、義忠は細川勝元の要請で駿河国への帰路についた。

この帰国要請には京都情勢が落ち着き見せ始め、御所警固の軍勢を減らすという目的もあったが、各将を帰国させ領国を攪乱させることで西軍陣営の足元を掻き乱し牽制《けんせい》するという意図があった。

今川惣領家（駿河今川氏）の義忠は斯波氏に奪われた今川氏の旧領・遠江を奪還したいという思惑《おもわく》と幕府の攪乱策《かくらんさく》が重なり駿河今川家の遠江侵攻は半《なか》ば公然化《こうぜんか》していた。

文明五年（一四七三）十一月、三河国で細川家と一色家の間に武力衝突《ぶりょくしょうとつ》が起きており、将軍・足利義政は今川義忠が東幕府の三河守護・細川成之《ほそかわしげゆき》に協力する見返りに遠江国佐野郡懸川荘《かけがわのしょう》（静岡県掛川市掛川）と同国長上郡河勾庄《ながのかみぐんかわわのしょう》（静岡県浜松市）を賜った。

これを好機と捉えた義忠は斯波氏の領国となっている遠江国へと入部した。

今川義忠の遠江侵攻に対する思いは苦節《くせつ》八十余年に渡って斯波氏に奪われた遠江国領を今

こそ奪還する時であるという思いで兵を挙げたことが推し測ることができる。

東遠にあったかつての遠江今川氏領は狩野氏に抑えられるなど今川氏と狩野氏には因縁《いんねん》があり、東幕府の遠江守護代・狩野宮内少輔《くないのしょう》と対立を起こしていた。

文明六年（一四七四）十一月、義忠は狩野宮内少輔の居城、遠江見付《みつけ》府《ふ》中城《ちゅうじょう》（静岡県磐田市）を攻め自害に追い込んだ。

義忠は勢いのまま味方である東幕府に属す吉良氏の被官・巨海《こみ》新左衛門尉《しんざえもんのじょう》を討ち、十二月には細川成之の軍勢をそのまま置いて駿河へ帰国するという有様であった。

本来味方である筈の陣営を相次いで討った今川義忠の行動を容認することが出来ない東幕府は、翌文明七年（一四七五）二月、西幕府の管領・斯波義廉の麾下にあった甲斐敏光を寝《ね》返《がえ》らすことに成功し、先に討たれた狩野宮内少輔に代わって甲斐敏光を遠江守護代として今川義忠の軍勢に当たらせた。

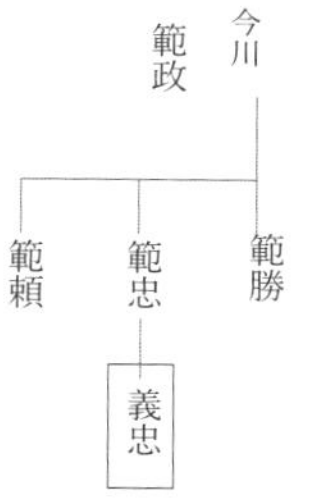

義忠の遠江侵攻に対して不満を抱いていた横地氏や勝間田氏なども これに呼応して軍勢を挙げた。

今川方では先の「中遠一揆《ちゅうえんいっき》」の首謀者《しゅぼうしゃ》とされる今川範将の子息・堀越貞延《ほりこしさだのぶ》の軍勢が挙兵し、小夜《さよ》の中山《なかやま》（静岡県掛川市佐夜鹿）で横地氏や勝間田氏の軍勢に討たれたという。

横地・勝間田両氏は狩野宮内少輔の居城であった遠江見付府中城に入り修築したので、翌文明八年義忠は再び遠江へ兵を挙げ攻め挙げ殲滅《せんめつ》した。

斯波氏に成り代わって遠江国の大部分を占拠した今川勢であったが、駿河国府中へ帰路《きろ》についていた義忠は塩買坂《しおかいざか》で横地氏・勝間田氏の残党から夜襲を受け、流れ矢に当たって討たれたという。これによって駿河今川家の家督問題が再び論争を巻き起こすことになる。

室町幕府序列

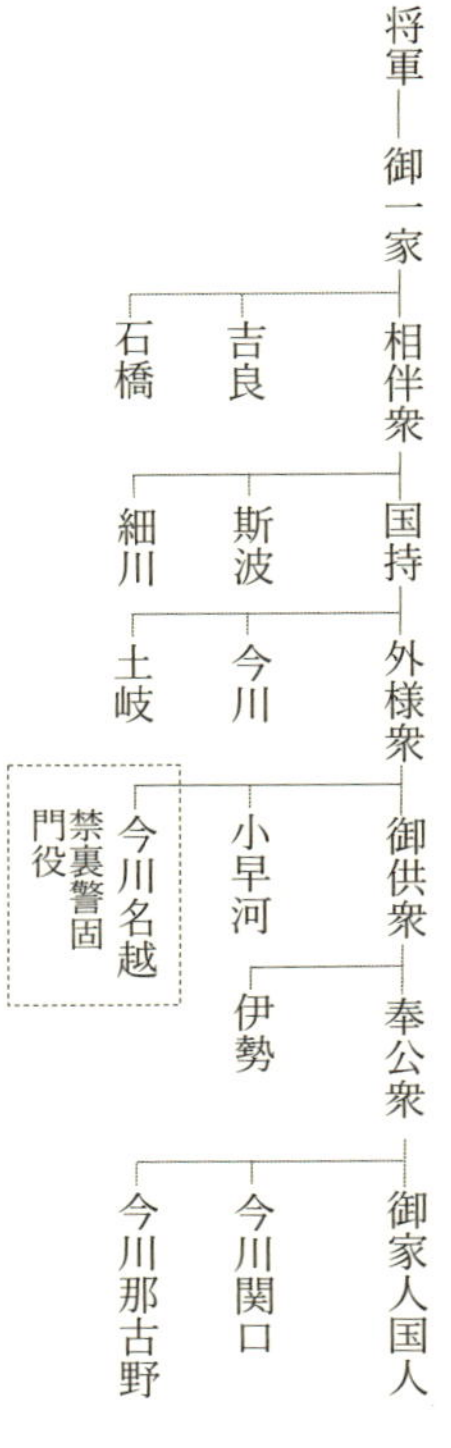

伊勢の今川名越家

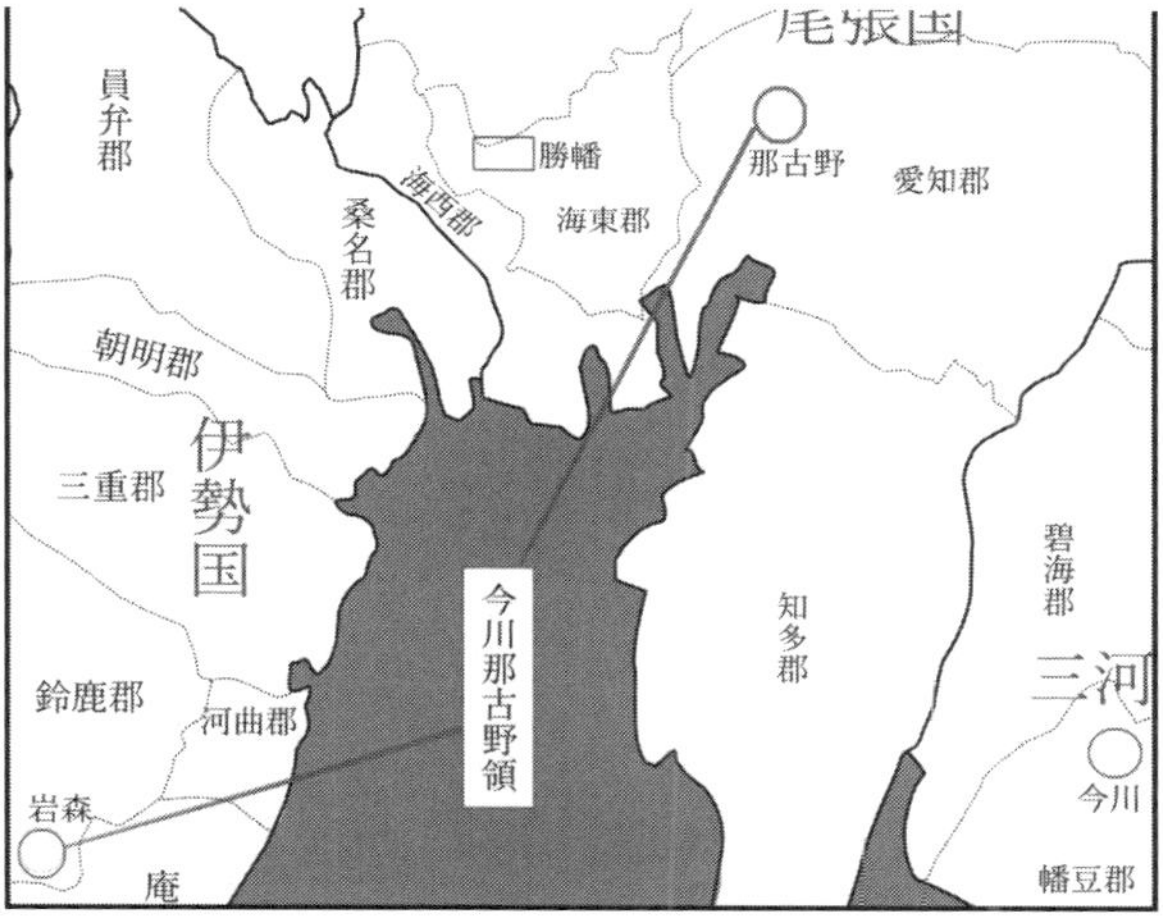

時を同じくして伊勢国では、文明五年（一四七三）九月三日の北畠《きたばたけ》政郷《まささと》が被官・垂水《たるみ》幸恒《ゆきつね》の知行地伊勢国安濃《あのう》郡《ぐん》神戸《かんべ》村《むら》を長《なが》野《の》又四郎《またしろう》から押妨《おうぼう》を受け幕府へ訴え出ている。同日、今河名越氏は以前、長野氏の与力である国府《こう》氏から伊勢国鈴鹿《すずか》郡《ぐん》岩森《いわもり》（三重県亀山市太森町）の知行地が押妨を受けたことに対し訴え出た。

垂水氏と今川名越氏は清貞秀（和泉守）と蜷川親元を通じて幕府・政所執事・伊勢貞《いせさだ》宗《むね》（伊勢貞親の子息・父の出家に伴って執事職を就任）に奉行人奉書の発給するよう依頼し、国府氏を退けるよう要請を求めているようである。

　これらの問題に対し、北畠氏の訴えを細川典厩《ほそかわてんきゅう》と伊勢貞宗が対処にあたり、伊勢今川氏（今川名越氏）の問題を清貞秀が当務代官を通して対処にあたったので「神戸」と「岩森」の所領を巡って長野氏は窮地に立たされた。

　この状況を打破する為に長野藤継《ながのふじつぐ》は斎藤利国《さいとうとしくに》に対して救援要請をしたので同年十月十一日、斎藤利国（妙純）が美濃国から伊勢国桑名郡《くわなぐん》に侵攻して大井田城《おいだじょう》（三重県いなべ市大安町）を攻めるという事態に発展した。

　二十一日には利国（妙純）の養父・斎藤妙椿《さいとうみょうちん》が数万騎を率いて出陣し、石丸利光《いしまるとしみつ》が大将となって二十九日に東軍が篭《こも》る梅戸城《うめどじょう》を落としたという。（『大乗院寺社雑事記《だいじょういんじしゃぞうじき》』）

　結論から述べれば今川名越氏の伊勢領は後年、今川氏豊の年代に至っても氏豊の重臣・山田氏の勢力があるので、押領を受けた伊勢「岩森」は何とか取り戻したようである。（最も戦国期には峯《みね》氏と長野氏が同地の所領争いを起こしていることから今川名越氏の没落と共に所領は失われたのであろう。）この頃より吉良義信が近衛《このえ》邸へ頻繁《ひんぱん》に出入りしていることに関連しているかは定かではないが、今川那古野家の庶流には近衛家に仕えた者もいた。（『世臣家譜』巻十　名村氏条）

今川氏親誕生

　駿河今川家では当主・義忠が遠江で討たれたことで、遠江領の回復は断念せざるを得なく、嫡子・龍王丸《たつおうまる》（のちの氏親）も僅か四歳の幼主であったことから、駿河今川家の家督は義忠の従兄弟《いとこ》にあたる小鹿新五郎範満《おしかしんごろうのりみつ》が継承することとなった。義忠の急死を受けて駿河今川家の家督は小鹿範満と龍王丸（のちの氏親）を支持する人々で内訌《ないこう》となった。

　義忠の急死の余波は大きく、今川一門は龍王丸を支持する瀬名・関口・入野《にゅうの》・名児耶（那古野）などの今川御一家歴々と小鹿範満を支持する三浦次郎左衛門、朝比奈又太郎、庵原氏、由比《ゆい》氏らに分かれて合戦に発展する程であった。

　小鹿範満は扇谷上杉家の太田道灌《おおたどうかん》と早くから交誼《こうぎ》を結び、堀越公方から支持されるなど駿河今川家の家督を継ぐには充分な資質《ししつ》を備えていた。

　一方の龍王丸は僅か四歳と分が悪く龍王丸の母・北川殿は近習を連れて身を潜めた。

　龍王丸を支持した今川一門衆の今川名越殿は京都で禁裏警固の任にあたる今川名越次郎ではなく、在国衆の今川下野入道が北川殿や龍王丸の側にあったと考えられる。

今川一門衆の中でも、今川下野入道と今川関口刑部は幕府奉公衆の出身で、在地勢力である瀬名氏や入野氏・新野氏などと比べると中央（幕府）との繋がりが特に密接であった。義忠没後の駿河今川家の家督権争いは小鹿範満が関東勢力と深い所縁を持っていたことから堀越公方や扇谷上杉氏などの展望も複雑に絡んだ問題であった。

この家督継承は今川一門衆を始め譜代《ふだい》家臣《かしん》の者共と折り合いがつかず、龍王丸方の一同が小鹿範満の屋形を襲撃するなど駿河での合戦が止む事はなかった。中でも、小鹿方に加担する関東の雄・太田道灌と龍王丸の生母・北川殿の弟（叔父）にあたる伊勢新九郎《いせしんくろう》（盛時・宗瑞・早雲）の駆け引きが行われていた。

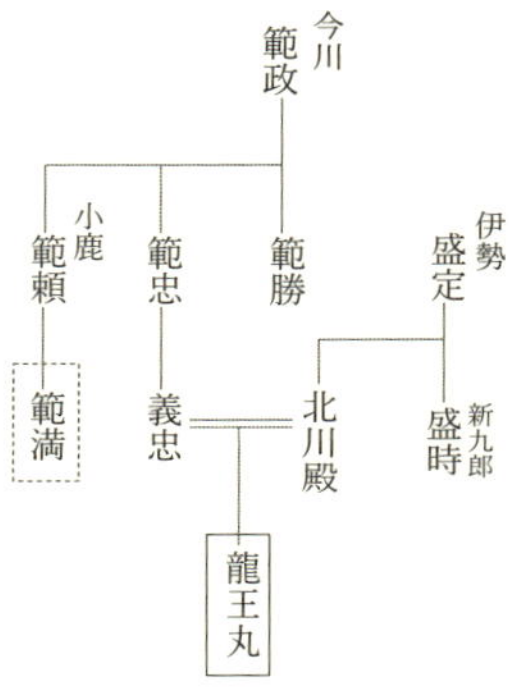

文明十一年（一四七九）頃には和談が成立し龍王丸が家督相続し「氏親」と名乗り母と共に丸子に館を立て移り住んだという。龍王丸（氏親）と小鹿範満間に起きた家督抗争は史料によって差異があることを注記しておきたい。

幼少の氏親の家督騒動に現れた叔父・伊勢新九郎は室町幕府の政所執事を世襲する伊勢氏の出自で龍王丸（氏

親）の母がその姉妹であった。

新九郎の直の遠祖である初代・盛経は今川名児耶三郎入道と共に足利直義に仕えており、幕府奉公衆でも同番衆を代々《だいだい》世襲《せしゅう》するなど今川那古野氏とは旧知の間柄であった。

同番衆の結束力《けっそくりょく》の固さは古くから指摘されるもので、新九郎の父・伊勢《いせ》盛定《もりさだ》は若き頃の今川下野入道（今川下野守）の同僚で奉公衆一番方の「申次《もうしつぎ》」であった。（『文安年間番帳《ぶんあんねんかんばんちょう》』）

盛定は先の「遠州忩劇」や「長禄合戦」と称される時期に今川下野守と共に遠江情勢の対処にあたっていた人物で、遠江今川氏を始め横地氏、勝間田氏の申次として活躍していた。（『学習院史学（38号）』所収「伊勢盛時（宗瑞）の父盛定について」：家永遵嗣）

このような所縁から老齢の今川下野入道にとって伊勢新九郎は旧知の輩の子息であり、彼の策を積極的に支援した人物の一人であっただろう。

直接的な史料は残らないものの、下野入道は文明十一年（一四七九）頃には龍王丸改め今川氏親や北川殿の側に居たと考えられる形跡が僅かに窺える。

先に小鹿範満方に現れた太田道灌は扇谷上杉氏の家宰で「享徳の乱」や「長尾景春の乱」などの関東の乱で大いに名を馳せた人物である。

彼の軍配者（軍師）に斎藤《さいとう》加賀守《かがのかみ》安元《やすもと》という人物が存在し、彼の後裔はのちに今川那古野家に仕え、一族郎党が尾張那古野（愛知県名古屋市熱田区）に移住している。

安元は道灌の軍配者《ぐんぱいしゃ》（軍師）として幾多《いくた》もの戦場で指揮を執り、『永享記』などにも分別・才覚・軍法・故実において並外れた才を誇った人物と記されている。

道灌と扇谷上杉定正と対立が起ると定正方に降ったが、その後今川家へと所在を移したようである。安元は柴屋軒宗長《さいおくけんそうちょう》が記した『宇津山記《うつのやまき》』などにも丸子《まりこ》（静岡県静岡市駿河区）に居たことが確認され、この頃今川下野入道と交流を持っていたため、後裔が後年今川那古野家に仕えたのだろう。

ここまでは、「今川那古野（名児耶）氏」が遠江今川氏と所縁が深いことや、駿河惣領家との関連で下野守が範忠を支援したことから、駿河情勢や遠江情勢に命運が左右されていた為、駿遠情勢も長らく解説してきた。その舞台はいよいよ年次を少し遡って尾張那古野に移る。

龍王丸（今川氏親）と小鹿範満の係争は本書の主題ではないため、ここでは割愛とするが、最終的には氏親の勢力が駿河惣領家の当主となった。

コラム・尾張今川家

尾張守護今川仲秋の守護後継者である今川讃岐入道法世は仲秋の兄である今川氏兼であるとする見解が古くからある。

これは『改選諸家系図続編《かいせんしょけけいずぞくへん》』所収「今川氏系図」に記載される氏兼の入道名「讃岐守法世《さぬきのかみほうよ》」を根拠に氏兼が尾張守護であったと推定している。しかし、「讃岐入道」は氏兼ではない可能性が高い。

明徳《めいとく》期に氏兼の代官として日向国へ入部した今川直忠の花押（『入来院家文書《いりきいんけもんじょ》』）と応永四年の尾張守護今川法珍《いまがわほうちん》の花押（『大徳寺文書《だいとくじもんじょ》』）が一致する事から、直忠が「法珍」であることは間違いない。

『尾張守護今川法珍書状（大徳寺文書）』には法珍の別名に「今川讃州《さんしゅう》」との記述がある。

つまり、今川讃岐入道とは今川氏兼の嫡男である直忠のことを指しており、今川仲秋の後に尾張守護の座に就いたのは、仲秋の甥である直忠であった。そして今川貞世が著した『言塵集《ごんじんしゅう》』の巻一の末尾に「此言塵集、讃岐之入道法世平所望之間遣畢」という一文がある。

これは直忠(法世)の所望によって叔父・貞世(了俊)が応永十三年（一四〇六）五月に述作《じゅっさく》した作品である。

『二言抄』「和歌所江不審條々」奥書

今川総州似㆓自筆本㆒書寫者也 和歌所御本 少々有㆓相違㆒處也 早案也 奥書合點用捨云々

享徳二年癸酉八月写之

此本、就二積善庵主瑞禅一借失、重而不レ見レ之物也自筆本、其子孫今川弾正少弼方ゟ借出仍　享徳二年癸酉八月廿日下二着於尾州丹羽郡稲木庄岩枕郷吉祥庵一一二覧之一依二所望一桃井讃州之手跡也　不レ可レ許二他家一者也
明應七年六月日書寫之

今川貞世（了俊）は、応永十年（一四一〇）に『二言抄』を著し、その奥書（来歴などを書き足した文）に右の一文が存在している。奥書に記された右文を少し要約しよう。

此の本（『二言抄』）を積善庵主《せきぜんあんしゅ》の瑞禅《ずいぜん》に貸していたが、瑞禅が失くしてしまったので再び見る事が出来なくなってしまった。

このため、貞世（了俊）の自筆本を所持している今川弾正《だんじょう》少弼《しょうひつ》方の子孫から借り出す為に尾張国《おわりのくに》まで下った。

享徳二年（一四五三）の八月二十日に歌学大系《かがくたいけい》本《ぼん》を所蔵する尾張国丹羽郡《にわぐん》の稲木庄岩枕郷（愛知県江南市石枕）にある庵で所蔵物を拝見すると吉祥庵主《きっしょうあんしゅ》に書き写すことを願い出た。

この経緯を後年、桃井讃岐守が記しており、その締め括りの年を明応七年（一四九八）のこととしている。「享徳二年癸酉八月写之」の文言の前に「今川総州」という人物の記述がある。

今川総州とは駿河今川氏の第四代当主・今川範政《のりまさ》の事であり、範政は『二言抄』を書き写すにあたって貞世の自筆本を写本したものである。

そして瑞禅という人物にこの『二言抄』を貸したところ、紛失してしまい今川貞世（了俊）に所縁《ゆかり》のある尾張国の人物に『二言抄』を借りて新

たに写本したという経緯に至る。

この過程については、室町幕府第六代将軍・足利義教の家月次連歌・北野万句連衆である瑞禅が貴重な歌学書を紛失し、新たに写本に至ったという、瑞禅のうっかりした様しかこれまで注目されてこなかった。

しかし、『二言抄』を借り出した際に瑞禅が頼った一族が尾張守護・今川氏の後裔であることに着目したい。謎を解き明かすために、先ず、瑞禅の出自を順に追って振り返りたい。

積善庵主の瑞禅は『系図纂要《けいずさんよう》』及び『系図綜覧《けいずそうらん》・第二』によれば応永二十七年（一四二〇）に紀之泰《(正泰)》（堀田弥五郎）の子として愛知郡に出生したと伝わる。

この異説として『寛政重修諸家譜《かんせいちょうしゅうしょかふ》』は之泰《(正泰)》の子とされている人物は瑞翠《ずいすい》という西方院の僧の事であり、瑞禅は瑞翠の兄之盛《ゆきもり》の子だと伝えている。即《すなわ》ち、瑞禅は堀田尾張守正重の兄弟であるという。（※後述の簡略系図参照。）

何れの説にしても瑞禅は堀田正重《ほったまさしげ》に近しい存在と伝わっているようである。

後代に海西郡津島《かいさいぐんつしま》を拠点に持つようになる堀田一族が何故、今川氏とコネクションを持っているのだろうか。これは瑞禅の出自を遡ることで明らかになる。瑞禅の高祖父・紀行義は今川氏兼の娘（尾張守護直忠の妹）を妻に迎えており、その間に生まれた子が紀行高《ゆきたか》という人物である。

瑞禅は彼（紀行高）の孫（『系図纂要』説）、あるいは曾孫（『寛政重修諸家譜』説）であるので、尾張今川氏とは母系を通じて親族であった。

瑞禅は永享四年（一四三二）までには、六代将軍・足利義教の連歌衆として、その動向が窺えることから、京都に上っていたことは間違いない。

紀氏をルーツに持つ堀田一族の瑞禅は連歌衆に加わった際に高祖母（氏兼の娘・直忠の妹）の縁を活用し、『二言抄』を今川氏から借り出すまでに至ったと考えられる。

しかし、先に述べたように瑞禅は二言抄を紛失してしまい今川弾正少弼の流れを汲む筋から『二言抄』を借り出す為に尾張へ下ったのだという。

今川「弾正少弼」とは一般的には了俊の弟・今川氏兼の官途であるが、氏兼は応永五年（一三九八）には没している為（『龍雲寺史《りゅううんじし》』）、死没から五十年以上の歳月が経つ、享徳二年（一四五三）時点の今川弾正少弼を指し示すことは到底あり得ない。

この謎の今川弾正少弼を探す手がかりとして『蠹簡集残篇』所収「今川家系図」に今川氏兼の子・直忠と直忠の嫡男・頼直《よりなお》が「弾正少弼」とする尻付《しづけ》がある。

尾張守護・今川直忠は父・氏兼から「弾正少弼」の官途を受け継ぎ、子息の頼直も「弾正少弼」の官途を受け継いでいることが系図から発覚するのである。

今川直忠は叔父の貞世（了俊）から応永十三年の五月に『言塵集』を所望し、本人から直接授かっている事から、貞世（了俊）の生前に『二言抄』の写しを授かっていた可能性も高い。

年代を顧慮すれば直忠の子息・今川頼直《（弾正少弼）》が『言塵集』と『二言抄』を受け継ぎ、その子息である今川仲頼が尾張国丹羽郡に庵を構え、貞世（了俊）

から授かった歌学書を吉祥庵に所蔵していたのだろう。

これらの事を踏まえて『二言抄』の奥書を再度振り返ると積善庵主・瑞禅が『二言抄』を紛失してしまい、閲覧する手立てがなくなってしまったので、享徳二年（一四五三）に了俊の自筆本を所有する吉祥庵主《きっしょうあんしゅ》・今川仲頼に『二言抄』を借り出すために尾張国へと下った。

尾張国丹羽郡の岩枕郷《いしまくらごう》に所在する吉祥庵では、所蔵物一覧を拝謁し歌学書を書き写すことを願い出た。これらの顛末を室町幕府に仕える外様衆の桃井讃岐守が明応七年（一四九八）に奥書へ書き

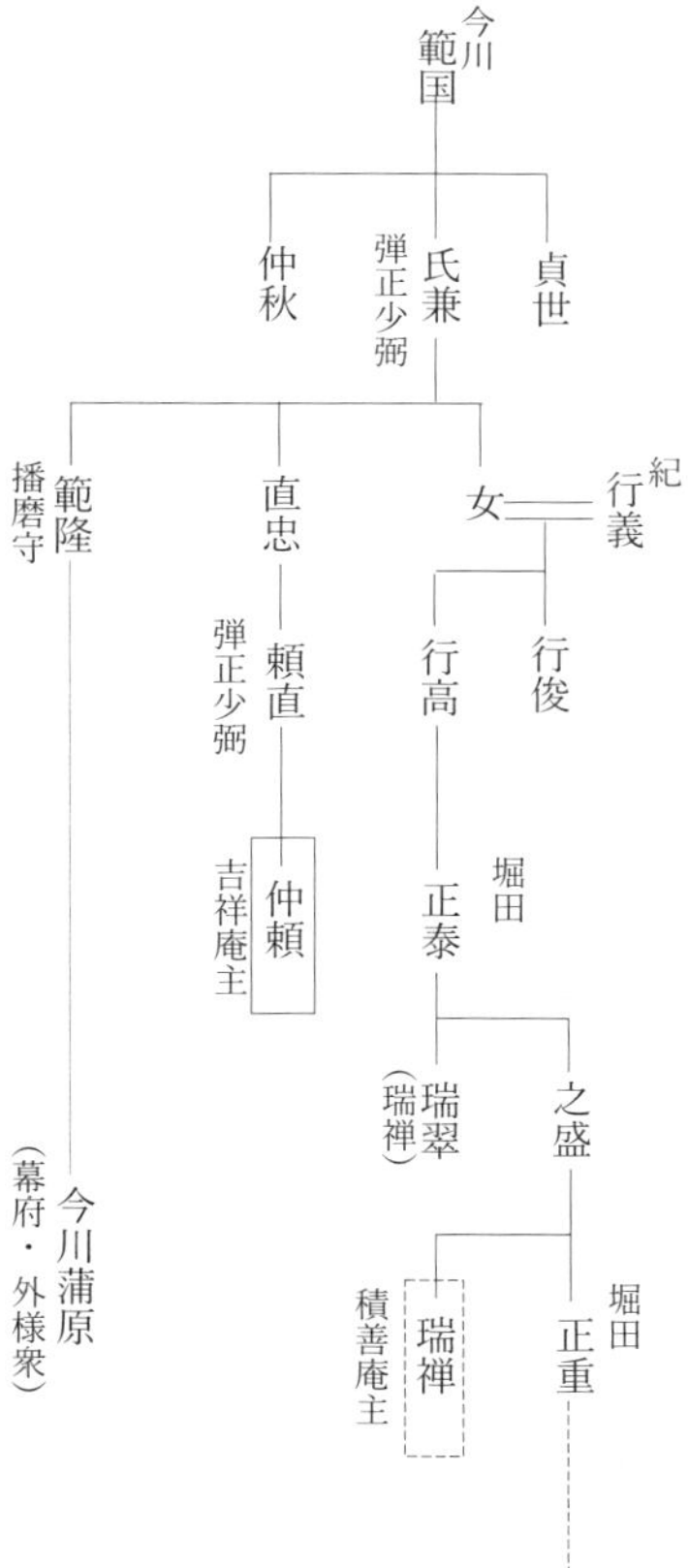

足した。という経緯になるであろう。

吉祥庵主の謎

　彼ら尾張今川氏一族の事績は尾張守護・今川直忠の歴史を振り返ることで、今川弾正少弼の子息吉祥庵主・仲頼に繋がることが理解できるので、その系譜を可能な限り辿ってみたい。

『足利義満御判御教書』「御醍醐文書一函」
（端裏書）「正文重枝次郎丸」
尾張国衙領千代氏名（庄カ）内重枝次郎丸事、依為下地一円国衙領、去々年被仰之処、於曽我平次右衛門尉知行分者、先守護人遵行訖、猶似有渡残云々、早退押領人等、可沙汰付三宝院雑掌之状如件、
応永五年潤（閏）四月廿八日　（足利義満）（花押）
今河讃岐（法珍）入道殿

　まずは日蓮宗宗学全書の『門徒古事』によれば応永五年（一三九八）前後に「今河讃岐守尾張守護」という記述が残っており、『足利義満御判御教書』の四月二十八日条にもその証左がある事から、この頃までは直忠が尾張守護であったことは明白である。

　しかし、同五年、八月十三日に畠山基国が尾張守護に任命を受けている（『吉田家日次記』）ことから「今川讃岐入道法世」、即ち直忠が応永五年の五月から八月にかけての三か月以内に尾張守護職を解任されている事が判る。

『尾張国在庁連署注進状』「醍醐寺文書一三函」
注進
尾張国々衙一円進止在庁名内、御不知行所々事

一、有安名　於此地者、今河絲州国管僚之刻、負物方　一所務被進西御所候之処、於干今御知行之
（中略）
右於彼所々者、為在庁名代々無用違之処、依国物忩《騒》御不知行之、然者任先規被返付国衙候之様、可有申御沙汰候哉、仍注進言上如件、
　応永六年二月十七日
沙弥道符（花押）
沙弥実宗（花押）

　しかし守護解任後の応永六年（一三九九）、二月十七日には、尾張国の国衙領である在庁「有安名」の在庁名主として今川讃州《直忠》の名を確認する事ができる。これは負物の代に「所務」が足利義満側室西御所《高橋殿》に進められ、知行下になっている。

　この場合、国務或いは今川法珍が借物のかたに国衙領の収益を避り進めたことが想定され、国衙行政制度の綻びが垣間見ることができる。

　室町幕府は応永年間のこの頃、在庁官人を有する国衙行政から守護による領国制へと制度の転換を試みている時期であり、幕府が守護に強力な権力を付与した事で、これまでの国衙領が守護の支配下に置かれ始めたのである。

　これによって大抵の在庁官人は守護の庇護下に入る事となるが、中には守護に従うのを嫌って旧来の国衙行政の名残を保持し、独立性を誇示する地域的権威として存続を図った在庁官人も存在した。

　尾張国では応永九年（一四〇二）までには、新守護・斯波義重の手によって尾張国衙の給人が配

され、守護請体制へと移行しているが、尾張国において今川氏の系譜を汲む一族が僅かなりでも散見することから、斯波氏の被官化となるのを恐れ、独立性を保持した可能性も挙げられる。

この間、「応永の乱」が勃発し、将軍・足利義満は権力を強化するため奉公衆を編成するなど、この戦いで独自の働きをみせた。乱で敵方となった大内氏の討伐に際して活躍をみせたのが、今川泰範軍である。

渦中の「応永の乱」では、応永五年（一三九八）に来日した朝鮮使節から進物を受け取っていた大内義弘に対し、斯波義将らが「（大内らは）朝鮮から賄賂を受け取っている」と足利義満へ讒言した事が発端となり大内氏と足利義満の対立が躊躇なものとなった。大内氏と繋がりも深い今川了俊は九州探題を解任され、駿河・遠江両国の半国守護へと左遷されていた。

了俊が駿河・遠江の両国を半国守護に任命を受けたことで今川一族である了俊の弟・仲秋と甥の泰範とで分国統治をする事となった。

しかし、分国守護となったことで煽りを受け、職権が半減してしまった甥の泰範は大いに不満を感じた。

叔父・了俊が半国守護を所望して得たものと勘違いをし、恨みを抱いた泰範は了俊と大内義弘が結託していると将軍義満に讒言をしたことから、了俊・仲秋兄弟は駿河・遠江守護職を奪い取られ失職した。

失意に陥った了俊は応永六年末に鎌倉公方・足利満兼と大内義弘が手を結ぶのを仲介したとされ、

乱の関与が疑われた。

駿河・遠江の両国はこのような経緯から半国守護の解任を受けた了俊・仲秋兄弟を支持する郎党が蜂起し、また半国守護の席が空位となっていた。

「応永の乱」の影響を受けた遠江国は今川了俊を支持する残党が蜂起していたが、今川泰範と今川直忠にそれぞれ半国守護が任命され、後に直忠が辞退した為に泰範が最終的に守護となったという顛末を伝聞として伝えている。

今川了俊・仲秋兄弟の唐突な解任劇を受けて、尾張守護を退いていた直忠が急遽半国守護に抜擢されたが、惣領家の泰範との確執を嫌がってか自ら辞退したという事だと思われる。

『薩藩舊記（前集二十三）』の応永七年（一四〇〇）の七月六日条には「御判（義満）　日向國事、爲料国、所領置今河讃岐入道法世也、早可致沙汰之状如件、應永七年七月六日」との記述が残っている。

遠江・半国守護を辞退した直忠ではあるが、足利義満から日向国を料国として賜っている。

直忠が日向国に移住したか代官を派遣したかまでは定かではないが、その後の史料から推定すると直忠の系譜を継ぐ吉祥庵主と婚姻関係を持つ紀氏がいずれも尾張国に在地することから、直忠は「応永の乱」の前後に代官として尾張に入部させていた息男・頼直と紀行義へ嫁がせていた妹を尾張国に残して、駿河国蒲原に移住したのではないかと思われる。

応永十三年（一四〇六）五月には先にも述べた『言塵集』を了俊に所望し、授与されている。

その後の直忠の消息を示す資料として『（美作）

伊達文書』が存在し、応永十四年（一四〇七）七月十四日条に「伊達山城守範宗與今河讃岐入道法世代相論駿河國入江庄内三澤小次郎跡事、」と記述がある

三沢小次郎の旧領をめぐって、伊達山城守範宗と今河讃岐入道法世との間に相論が起き駿河守護・今川泰範（駿河今川氏・第三代当主）が間に立っていた事が発覚する。

これらの記述を踏まえると直忠は泰範との確執を避ける為、半国守護の座は退いたが父・氏兼が領していた駿河国蒲原荘を相続していたとみて問題ないだろう。

直忠の没年を指し示す史料として清浄光寺（神奈川県藤沢市）の過去帳『時宗過去帳』の存在が挙げられる。

この『時宗過去帳』には駿河今川家が遊行十四代・太空に帰依した事から「範政其阿、讃州法阿、伊与覚阿、駿河入道来阿、探題像阿」と今川氏歴々の名号が記録されている。

この中の「讃州法阿」が今川讃岐入道法世の事を指し示している事は明白であり、この過去帳に記述が残された年代が把握できれば今川直忠の凡その没年が推定できるという訳である。

まず太空上人が過去帳に筆録を始めるきっかけが清浄光寺（藤沢山）の先代である遊行十三代・尊明が六十八歳で入寂（死没）した為であり、太空はこれを相続する為に応永二十四年（一四一七）、四月十日、藤沢山に帰山し、遊行十四代を相続したことに起因しているようだ。

過去帳に「讃州法阿」と共に相前後して記され

ている「範政其阿」と「伊与覚阿」を参考に、より年代の範囲を狭めたい。

「範政其阿」は今川範政のことであり、「伊与覚阿」は今川尾崎伊予守（尾崎貞兼）の事を指し示している。これらの記載は没順に書かれている可能性が高く、今川直忠は今川範政没後～尾崎貞兼の生前中に没したものと推定される。

尾崎貞兼は別名・今川左京亮ともいい、尾張国丹羽郡尾崎村の他に、愛知郡那古野荘を賜っていた見込みもある。

彼が永享年間に亡くなっていたとすれば、今川下野守への相続が起きていたことも考えられる。（この場合、下野守の生母は尾崎氏所縁の女性である可能性がある。）

今川範政は永享五年（一四三三）、五月二十七日に病没すると駿河今川家の家督をめぐって今川庶流家の活動が活発となる。

尾崎貞兼の没年は不詳なものの、永享十一年（一四三九）の十一月十四日に太空上人が六十五歳で入寂している事が判ることから今川直忠の没年を永享五年（一四三三）～永享十一年（一四三九）の範囲に絞る事が可能であり、今川範政の病没から凡そ六年以内に今川直忠（即ち讃州法阿）が没したものと推定することが可能である。

尾之今川

尾張今川家は享徳二年（一四五三）までに石枕郷確実に存在している。石枕は織田伊勢守家の本貫である岩倉城の真上に所在している事から『船田後記』にあらわれる「尾之今川」は那古野今川ではなく、直忠後裔を指していると考えられる。

『幕府奉行人連署奉書（御前落居奉書）』

（花押影）

壱万部御経御料所尾張国山田庄事、為荘務被差下蜷川越中守親吉訖、自然百姓等及強訴者、令合力之、可被沙汰居親吉於庄家、若致逃散、有許容他領之族者、為被処罪科、云落着在所、云領主交名、載起請之詩可被注申候也、仍執達如件、

永享三
七月十二日　　貞連（飯尾）
　　　　　　　秀藤（松田）

守護代（織田淳宏カ）

壱万部御経御料所同国同庄事、為庄務被差下蜷川越中守親吉畢、自然百姓及強訴、令逃散、雖惣庄可有殊沙汰之由候也、仍執達如件、

同　日　　貞連
　　　　　秀藤

道家次郎左衛門尉殿

一、八事（山田郡）　高田下総入道殿
一、柏井（春日井郡）　市部（愛知郡）　井戸田（愛知郡）　等持院出官
一、味鏡（春日井郡）　玉泉寺雑掌
一、豊場（春日井郡）　鳴海（愛知郡）　三宝院雑掌
一、犬山（丹羽郡）　林光院雑掌
一、豊場　中院（通淳）殿雑掌
一、那古野（愛知郡）　今川左京亮殿代
一、則武（愛知郡）　畠山右馬頭殿代
一、松葉（海東郡）　土岐美濃守殿
一、熱田（愛知郡）　千秋刑部少輔
一、八事　三上美濃入道殿
一、堀江郷（愛知郡）　大草三郎左衛門尉殿
一、狩津（山田郡）　加治左京亮殿

以上、此所々文章同前、

那古野の今川氏

那古野の今川氏は永享三年（一四三一）に現れる「今川左京亮〔殿代〕」が現状の初見であり、左京亮（了俊・貞兼）の代官が今川下野守であったかはあくまで推定に過ぎない。しかし、この二年後に那古野荘は今川下野守の所領であると『満済准后日記』に認められるので、この今川左京亮「殿代」は今川下野守のことか、その兄弟を指し示している可能性は高いだろう。

応永十年（一四〇三）、万里小路《までのこうじ》大納言家の尾張国春日井郡六師庄《かすがいぐんむつしのしょう》（熊野荘）の年貢を尾張守護代・織田常松《おだじょうしょう》が万里小路時房《ときふさ》に代わって請け負った。請負人《うけおいにん》となった織田常松は被官の「御厩野《みまやの》」なる人物に六師庄の管理を託していたが、御厩野某は六師庄の百姓らとトラブルが相次ぎ、永享三年（一四三一）の三月には領家・万里小路時房のもとに「御厩野某の非法」を訴える起請文が届けられた。

六師庄の住人たちは領家・万里小路家に御厩野某の罷免《ひめん》を求めるために荘園から逃散《ちょうさん》するという非常手段に訴え出たので、万里小路時房は事態を収拾するために守護代・織田勘解由左衛門尉《おだかげゆざえもんのじょう》に対して頻繁に協力を求める書を認《したた》め、現地六師庄に当務代官を送るなど手を尽くした。

この六師庄の百姓逃散問題は、隣接荘園にまで強い影響を及ぼしており、四か月も満たない期間に幕府御料所（直轄領）の一つである山田郡《やまだぐん》山田荘（戦国期に愛知郡と春日井郡に編入）で同年七月に百姓の逃散が起きた。

この当時の山田荘の役割は明徳の乱（山名氏清の乱）の戦没者に対する供養のため法華経一万部を読誦する行事費用を賄うための所領として機能しており、京都北野神社《きたのじんじゃ》（北野天満宮）に寄進されていた。幕府はこの問題を受けて山田荘から逃散する百姓らを尾張国内の各荘園領主が匿うことが無いよう、飯尾貞連《いのおさだつら》と松田秀藤《まつだひでふじ》の連名で各守護代・寺社雑掌らに言い渡し、現地山田荘に蜷川越《にながわえっ》中守親吉《ちゅうのかみちかよし》を下すことを伝えている。

この際、協力を求めた者達の中には山田荘の有力者・道家次郎左衛門尉《どうけじろうざえもんのじょう》や愛知郡那古野荘の「今川左京亮殿代」の名が記されている事から、山田郡の道家氏と那古野荘の今川氏の間には協力要請を求められる関係性にあることが確認される。

『御前落居奉書』によって確認することができる一四三〇年代の尾張国各郡の領主は以下の通りである。

愛知郡・那古野（愛知県名古屋市中村区）　…今川氏（奉公衆一番衆）
愛知郡・則武（愛知県名古屋市中村区）　…畠山氏（奉公衆五番衆）
愛知郡・熱田（愛知県名古屋市熱田区）　…千秋氏（奉公衆三番衆）
愛知郡・堀江郷（愛知県名古屋市昭和区堀江町）　…大草氏（奉公衆二番衆）
山田郡・八事（愛知県名古屋市天白区）　…三上氏（奉公衆五番衆）
山田郡・狩津（愛知県名古屋市東区大曽根）　…加治氏（佐々木加治氏か）
愛知郡・鳴海（愛知県名古屋市緑区鳴海町）　…三宝院（醍醐寺座主を兼帯）
春日井郡・豊場（愛知県西春日井郡豊山町）　…　〃
愛知郡・井戸田（愛知県名古屋市瑞穂区）　…等持院（足利氏の菩提寺）
愛知郡・市部（愛知県名古屋市熱田区）　…　〃
海東郡・松葉（愛知県名古屋市中川区松葉町）　…土岐氏（美濃守護）　土岐美濃守持益

現在の愛知県名古屋市一帯は足利義満によって編成された奉公衆各番衆と足利氏所縁の寺院の管理下にあり、幕府はこの那古野台地一帯を御料所（直轄領）としていた。

御料所では、尾張守護・斯波氏の介入を許さず、尾張国に有事があった際に幕府の意向が反映され易い領地としていたので、那古野一帯は尾張守護・斯波氏から独立性を帯びていた。

今川那古野家が尾張国内で版図を拡大した要因は守護からの独立性以外にも、守護代織田家の権威低下にその要因があったようにも思える。

先に挙げた万里小路家の春日井郡六師荘で起きていた押領問題は、道家氏や今川那古野氏など幕府奉公衆の代官の協力の下、逃散被害を極力抑えた。

そして領家職に代わって守護代織田家が当務代官を置き、六師荘の管理を請け負ったことで一応の体裁は保った。だが、この対策は十年も満たない時期に破綻《はたん》を迎えた。

『建内記《けんないき》』によると守護代織田家の被官・坂井七郎右衛門は万里小路家の代官を自称し、寺社・本所領の横領を起こすという問題が起きた。

守護代織田家ではこれを解決するため、被官人・坂井を実際に代官に補任させるという機転で対処を試みた。しかし、坂井七郎右衛門の押領行為は止まないので、領家職・万里小路時房が幕府管領の細川持之に対して請願したのである。

このようなトラブルがあったので、守護代織田家は守護・斯波千代徳丸の後見人である斯波持種や甲斐将久《かいゆきひさ》（常治）を始め、庶流を含めた織田一族から信頼を失い「絶交」された。そして、遂には守護代・織田郷広《おださとひろ》が逐電《ちくでん》してしまったのである。

守護代（代官）の不在を心配する万里小路時房に対し、甲斐常治は「織田一族なら他にも居る」と織田家庶流の引き立てを示唆している。

万里小路時房からの陳情を受けた管領・細川持之は斯波氏一門・守護代織田家が不在にある中、細川派の今川下野守や愛知郡に密集する奉公衆一族らを重用して不在を補った。

無論、守護代織田家の後継者が放置される筈もなく、翌年には勘解由左衛門尉が守護代職に補されている。

逐電した織田郷広は後年、斯波義健（千代徳丸）に許しを乞うたが、復帰は叶わなかった。これらの押領問題は代官職との連携不和だけでなく、領国経営における在地庶流家の存在が在京守護代家を脅かすという惣領・庶流間の問題を誘起した。

織田一族といえば守護代家の下に各家が統率されるという後代の三奉行《さんぶぎょう》体制の印象も強いが、惣領（守護代）を一族庶流の総意で失脚に追い込むという事例からは庶家の自立がある程度確立されていた事が見込め、織田氏による支配体制が年代問わず単純一律に語れる構造ではないことを示している。

永享年間初頭に幕府奉公衆が治めていた幕領《ばくりょう》は、後世（室町後期〜戦国時代初頭）の今川那古野領とほぼ重なっている。愛知郡全域と山田郡・春日井郡の一部が尾張守護の指揮下に入らず幕臣たちの所轄に在ったことも今川那古野氏が尾張国内で版図を大きく拡げた要因の一つであろう。

今川〔左京亮〕殿代、今川下野守の年代から時代が降《くだ》ると、彼らの後裔である那古野領主・今川国氏の登場を迎える。

今川大夫判官国氏

長享元年（一四八七）八月二十六日、那古野の今川国氏は九代将軍・足利義尚による近江佐々木六角高頼の討伐に従うために、五十人の御伴を引き連れて上洛した。

同年に足利義尚へ従軍した者達を記載した『長享元年《ちょうきょうがんねん》常徳院様《じょうとくいんさま》（足利義尚）江州《ごうしゅう》御動《ごどう》座当時《ざとうじ》在陣衆《ざいじんしゅう》着到《ちゃくとう》』に今川兵部大輔《ひょうぶのたいふ》国氏《くにうじ》の名が列挙されていることから、蔭涼軒主《いんりょうけんしゅ》が目撃した「名護屋《なごや》（名越）殿《どの》」は国氏の事を指し示していることを裏付ける。

蔭涼軒主はたまたま国氏の上洛過程を目撃していたようで、国氏は尾張国の「名護屋（名越）殿」と呼ばれていたようだ。

延徳三年（一四九一）には、九代将軍・義尚の後を継いだ十代将軍・義材《よしき》（のちの義稙《よしたね》）によって再び六角征伐《ろっかくせいばつ》が行われ、尾張国からは名越殿（国氏）と斯波義良（義寛）が大軍を率いて参陣した。

斯波方の有力者の中には藤左衛門尉《とうざえもんのじょう》家の織田良縁《おだすけより》の姿も散見し、彼らは斯波方、今川方という枠を超えて将軍・義稙の下にあった。

『蔭涼軒日録』曰く明応元年（一四九二）一月二十八日、斯波義寛の被官・織田兵庫助寛広の弟が宗湫《そうしょう》喝食《かっしき》となり、今川国氏の被官・坂井氏の子息が慈駿《じすん》喝食《かっしき》を務め相伴給仕《しょうばんきゅうじ》となっている。坂井氏が明応年間以前に今川那古野家の被官として存在していたことは確かである。坂井氏は織田家との関連が深く、同族が今川那古野家に仕えていた事も勘案できるが、場合によっては両属していたなどの地勢的情勢も想定することはできる。

しかし、名越殿被官の坂井某が後年の織田家執事・尾張小守護代の坂井一族と同一であるは史料上はっきりしたことはわからない。

あえて指摘するとすれば、名越殿（国氏）と斯波家当主・義良（義寛）は十代将軍・義材（義稙）の麾下にあり、尾張国から軍事招集を受けて、双方これに従っているので、何らかの共通点はあったかも知れない。

明応二年（一四九三）二月になると十代将軍・足利義材が河内《かわち》の畠山基家《はたけやまもといえ》を攻める為、大号令を発し、奉公衆を招集した。

『東山殿《ひがしやまでん》時《じ》代大名《だいだいみょう》外様附《とざまふ》』には一番衆の「今河大夫判官国氏」の名が列挙されている。しかし、このタイミングで細川政元による十代将軍・義材（義稙）を廃《はい》し、清晃《せいこう》（十一代将軍・義遐《よしとお》）を新将軍に擁立したクーデター（明応の政変）が勃発した。

これによって足利将軍家・奉公衆は分裂を余儀なくされ、その行く末は混迷《こんめい》を極め、事実上の瓦解が始まった。これによって国氏は身の振り方を改めなければならなくなり、明応年間を皮切りに京都から離れ、尾張那古野への在国傾向が強くなった。

明応元年（一四九二）五月十六日、名越殿（今川国氏）は尾張国愛知郡内にある井戸田《いどた》・市部《いちべ》などの代官職を請け負うなどの行動が見え始め、在地那古野に根差して地域的権威を高めようする姿が散見される。

今川那古野家はこの危機的状況あって、名越殿（国氏）の政策転換《せいさくてんかん》の早さもあり一旦最盛期を迎えていた。その版図《はんと》は元来の所領である愛知郡那古野荘に加えて山田郡・春日井郡の一部にまで膨れ上がり、家臣団も道家氏・安食氏・山田氏を従えるまでに成長していた。

応仁文明の乱の影響

室町時代後期の尾張国情勢に関しては「応仁・文明の乱」で西軍・斯波義廉を擁する織田〔伊勢守〕敏広の勢力と東軍・斯波義敏を擁する織田〔大和守〕敏定の勢力で二分されていた。

文明十年（一四七八）「応仁の乱」で東軍方の勝利が目前に迫ると幕府は同年八月二十日、織田大和守敏定を尾張守護代に任じて凶徒（西軍勢力）退治を指示した。（『県資10』一二九『幕府《ばくふ》奉行人《ぶぎょうにん》連署《れんしょ》奉書案《ほうしょあん》』）これによって勢いを増した織田大和守敏定は尾張国に下向している。その後、織田伊勢守家は婚姻関係を持つ美濃の斎藤妙椿《さいとうみょうちん》（織田敏広の岳父）らの助力を得て幾つかの内乱が繰り広げられた。

文明十一年（一四七九）一月『大乗院寺社雑事記《だじょういんじしゃぞうじき》』に「一尾張国合戦、二郡分織田大和安堵、持是院与和談之由云々、則持是院引退云々、」と記されるように、美濃守護・土岐成頼《ときしげより》並びに斎藤妙椿らは織田大和守敏定と和睦し、織田大和守家の尾張二郡領有《にぐんりょうゆう》を認めた。

これによって尾張国は織田伊勢守家の上四郡《かみよんぐん》領有に加え、大和守家の二郡領有が成立した。大和守家の二郡保有に関して当時は知多《ちた》・海東《かいとう》両郡は知多分郡守護・一色義遠《いっしきよしとお》の存在が認められ、同国愛知郡は東軍方の今川国氏（名越殿）の存在があり、室町幕府奉公衆一番衆として守護並びに守護代の影響を受け辛い状況にあった。

これらの他に当時の尾張国には春日井郡と愛知郡の間に山田郡が存在しており、織田敏定は内乱が激しい時期に山田郡国府宮《こうのみや》（愛知県稲沢市）に逃れていた為、山田郡を実行支配していた。しかし、幕府から斎藤利国（妙純）に山田郡の代官職を渡すよう命じられている。（『県

資10〕・二三六『伊勢《いせ》貞宗《さだむね》書状案《しょじょうあん》（蜷川家古文書）』）

このため、織田大和守家の所領範囲は山田郡の一部と海西《かいさい》郡に限られていた。もっとも、西軍方に属した一色義遠が知多郡を幕府に接収され、丹後国《たんごのくに》に帰っているので知多・海東二郡は緩やかに織田大和守家の知行地へと変遷していた見込みはある。

後年成立の『信長公記』首巻はこれらの知行変遷《ちぎょうへんせん》を省略し、織田伊勢守家と大和守家によって尾張国が上四郡・下四郡に綺麗に分割統治されていたと示し、尾張那古野（愛知郡）が当初から織田弾正忠家による支配下にあったかのような印象を与えている。

同記の著者太田牛一が織田弾正忠家への忖度からこれらの事績を隠したかったのか、過去の複雑な変遷を認知していなかった為にこのような表記になってしまったのかは定かではない。だが、那古野城主・今川氏豊《いまがわうじとよ》という存在を理解するにはこれらの認識を改める所から始めなければならないだろう。

今川氏豊の登場は奉公衆一番方今川国氏の在国化（国衆化）と「応仁・文明の乱」における斯波氏と今川氏の抗争というバックボーンを理解しておく必要がある。

「応仁の乱」が勃発すると、東軍方についた今川義忠《いまがわよしただ》（今川氏八代当主）は西軍の斯波義廉《しばよしかど》（斯波〔武衛〕家十一代当主）の分国・遠江へと進出し、在地の国人らと激しい衝突を繰り返した。義忠は勢いに任せ遠江国制圧の強行策を計った。
同じ東軍方に属する尾張守護・斯波義良《よしすけ》（義廉に代わって遠江守護を兼補）と所領を巡って対立を起こすばかりか、吉良義真《よしざね》被官で浜松庄代官である飯尾長連の支援を受けて在地の国人・巨海氏、狩野氏らを滅ぼした。この惨状を受けて吉良氏は斯波義良（のちの義寛《よしひろ》）の要請に応える形で親斯波派の大河内貞綱を代官に任じた。

今川義忠《よしただ》の強行策は一時的に大きな成果を生んだが、東軍同士にありながら味方勢力を強襲するという有様は幕府に大きな波紋を齎《もたら》した。

文明八年（一四七六）義忠は不慮の死を遂げるとこの問題は義忠の嫡子・龍王丸（のちの氏親）の代へと持ち越される事となった。今川義忠と斯波義寛の遠江国をかけた戦いは約二十年の時を超えて再び始まった。（掛．六一『円通《えんつう》松堂《しょうどう》禅師《ぜんじ》語録《ごろく》巻第三』）

明応三年（一四九四）秋、駿河守護・今川氏親方の将・伊勢盛時が斯波義寛の領国遠江へ侵攻を開始したのである。しかし、尾張国近隣では「船田の乱」と呼ばれる美濃守護・土岐氏の家督争いが勃発していた為、斯波義寛の遠江救援は手が回らなかった。この頃の美濃土岐氏の権威は衰退しており、守護代・斎藤氏が台頭し土岐成頼《しげより》を擁立していた。

斎藤妙椿《みょうちん》は「応仁の乱」においては西軍方に属し、斎藤氏惣領家と争うなど、美濃国内の勢力を次々と一掃《いっそう》した。妙椿は守護・土岐成頼の被官人でありながら近隣国情勢へ逐次《ちくじ》介入したことで、美濃国の実質的な支配者と目されるようになった。

成頼は失墜していた美濃土岐氏の権力の回復を図るため斎藤利藤《としふじ》と連携を謀り、出世志向の強い石丸利光《としみつ》に斎藤姓を許し妙純から離反させた上で結び、美濃の実質的な支配者となっていた妙純排除へと動きだした。

この係争は「船田の乱（船田合戦とも）」と呼ばれ近隣国をも巻き込む大きな戦いに発展した。

斉藤妙椿・妙純《みょうじゅん》陣営には婚姻関係から織田伊勢守家（岩倉織田家）が味方し、石丸利光方には婚姻関係から織田大和守家（清州織田家）が味方していた。「船田の乱」に連動した両織田家の係争関係は激化し、双方共に犠牲者が噴出していた。

明応五年（一四九六）五月十七日、織田寛近《ひろちか》（伊勢守家）兄弟が藤樹市場《とうじゅいちば》に陣を張ると、二十三日には織田又太郎と「尾之今河氏（尾張の今川氏）」が織田伊勢守兄弟の陣に続けて入っている。

この「尾之今河氏」が名越殿（今川国氏）の陣営であるとすれば、今川氏親による遠江国攻めで動揺する尾張国内において織田伊勢守家に呼応して生き残る術を見出したのだと推量される。

那古野今川氏の「船田の乱（船田合戦）」への参陣に関して、横山住雄氏は肯定的に受け止めている。（『織田信秀～信長飛躍の足がかりを築いた猛将』（戎幸祥出版）：横山住雄）

その一方で、下村信博氏は先の「応仁の乱」で東軍方であったと予測される奉公衆今川氏が西軍方の美濃斎藤家に呼応したとは考え辛いと懐疑的な考えを示している。（『年報中世史研究（20）』所収「近世名古屋城築城以前の尾張那古野について」：下村信博）

十日後の翌六月三日には織田又太郎は近江の浅井氏、三田村氏を始め、越前の朝倉氏らと共に一国の勢力をまとめて帰路についている。尾張今川家は織田伊勢守陣営に属している事から織田大和守家とは敵対関係にあった事が予測される。

この後、石丸利光が自刃した為、織田大和守陣営は大敗を喫した。しかし、同年十二月斎藤妙純が近江国で戦死したため、後ろ盾を失った織田伊勢守家は衰退の道を辿った。

『船田後記』には、斎藤妙純方の援軍に駆け付けた織田又太郎、近江の三田村氏、越前の朝倉氏の帰陣の様子が描かれているにも関わらず、尾張今川氏のその後ついては『船田後記』では定かではない。この尾張今川氏に関しては先掲コラムで記したように、尾張守護今川直忠の後裔一族を指し示していると筆者は考える。

『実隆公記』
廿二日、癸酉、晴、入夜雨降、（中略）
抑尾州井戸田領《勾当》事、松波左衛門大夫有申出之旨之間、
内々相談長橋之処、可申試之由也、仍今日遣書状、彼在
所事等為後日注之、（中略）
雖不思寄子細候、禁裏御料所尾張国井戸田事近年名越
御代官之処、没落之後一向無京進候、当時水野領地之
内候歟、為冥加上分をも執沙汰候者、尤神妙之事候、
彼辺に便宜候者、可然之様入魂候《可為》者別忠候、就中熱田
太宮司職も御料所之地候、千秋(御代官)近年無沙汰過去候、
国之儀如何候哉、同被尋捜可被注進候、他事期面候也、
謹言、
　　十月廿二日　　　　判
　松波左衛門大夫殿
（中略）井戸田ハ三ケ所也、井戸田・市部・かしわい也、
かしわいハ織田弥九朗押領、前二ケ所当知行也、今川領所
也、

『勾当内侍東坊城松子書状』
一日御物かたり候つるおわりの事、しかるへきやう
ニたのみ入まいらせ候、いと田は久しくちきやうの
事にて候を、この四・五ねんなこやほんらくし候てこ
なたへもさたし候はす候事にて候、御心え候ておほ
せられ候て給候ハヽ、返々御うれしくおほえさせをは
しまし候、たのみ〳〵入まいらせ候、また御れう所
のあつたの御事はよく〳〵せんしう所を御たつね候
て、かさねて御たんかう申候へく候、まつ〳〵いつ
れもしかるへきやうニ申候物にもおほせきかせられ
候へく候、なを〳〵御身つから申候へく候、かしこ、
「にしとのへまいる」

今川那古野家の没落

『実隆公記《さねたかこうき》』によると、永正二年（一五〇五）十月二十二日条の記録からは、名越殿（今川国氏）は四、五年程前に没落した為に、四、五年に及ぶ勾当領《こうとうりょう》の年貢未進《ねんぐみしん》に耐えかねた長橋局《ながはしのつぼね》が公家の三条西実隆《さんじょうにしさねたか》にこれを相談したことが発覚している。この記録から、名越殿（国氏）が明応九年—元亀元年（一五〇〇〜一五〇一）頃に没落していることが判明する。

その所領であった愛知郡・井戸田（愛知県名古屋市瑞穂区）と市部（愛知県名古屋市熱田区）と春日井郡・柏井《かしわい》（愛知県春日井市・旧柏井村）の三領の内、春日井郡の柏井が斯波義寛の家人である織田弥九郎によって押領されている状況だという。

名越殿（国氏）そのものは没落しているものの、同地は未だ今川那古野領であることを記しているので、名越殿の後嗣・那古野新五郎もしくは庶流家によって今川領そのものは辛うじて維持されていたのであろう。

押領を受けていた愛知郡・井戸田荘は水野氏が愛知郡に進出して今川那古野家の代役を担った。水野氏の登場もあり、愛知郡南部の治安は一旦落ち着きを取り戻し、長橋局と三条西実隆は名越殿（国氏）不在に代わって水野氏に上分を納めるよう働きかけている。

この二か月前の八月四日に水野《みずの》為則《ためのり》は今川那古野氏の代々の官途受領名である「下野守」の任官を受けており、その礼に三条西実隆を訪ねている。

「下野守《しもつけのかみ》」の官途名は水野氏の遠祖とされる小河氏の歴史的受領名で、水野氏は官位授与と引き換えに今川那古野氏不在による年貢不払い分を上納することを引き受け、代役を務めたようである。

今川那古野氏の没落背景は判然としないが、美濃守護の座を巡って引き起こされた「船田の乱」の終結に伴い、斯波家当主や守護代織田氏の係争は停戦がなされ、尾張国内の政情が安定化したので駿河の今川氏と斯波氏の間で係争が過熱し、斯波氏被官の標的となり易い状況にあったのは確かである。

明応九年（一五〇〇）頃から斯波義寛は中央政局での立場（義材派から義高派への転身）を切り替え、細川政元から支持を得ていた。斯波義良（義寛）はこの頃までに、尾張国知多郡の分郡守護・一色義直《いっしきよしなお》の娘を室に迎え、一色氏の娘との間には子息・義達《よしたつ》（斯波氏・十三代当主）や十一代将軍・足利義澄に嫁ぐ娘が生まれていた。

このような尾張情勢の安定化に影響されてか、那古野今川方の田中新左衛門《たなかしんざえもん》は不利な立場にあった。

新左衛門は永正五年（一五〇八）の寛蔵寺《かんぞうじ》再建の後は「笠《りゅう》覆寺文書《ふくじもんじょ》」にその姿をあらわす。この「笠覆寺文書」は翌永正六年（一五〇九）、十二月二十日に戸部村と同一地区の尾張国笠覆寺《りゅうふくじ》の一年間の寺社年貢を確認する史料である。永正六年といえば遠江国をめぐる争いで駿河今川氏と尾張斯波氏の領国は荒れ始める時期である。

簡素に述べれば、永正三年頃に今川氏親の勢力が三河国に進出を始め、永正七年には尾張守護・斯波義達が井伊衆や吉良氏の被官である大河内備中守貞綱ら今川氏の統治に不満を持つ勢力を遠江国で蜂起させ大戦乱となる前年のことになる。

『笠覆寺年貢注文（笠覆寺文書）』

「年貢之状」

壱年中寺江有納所年貢之事（中略）

仏衣田　三百文愛智民部殿、三百文衣田中源左衛門

十二月
炭作り田　三百文成田平八今ハ山口左馬助殿

永正六年巳十二月廿日
巳

そんな時期に駿河今川家に先駆けて田中源《新》左衛門は既に笠寺（戸部）地域に入府して勢力を保持していた。「文書」によれば田中新左衛門は、愛智民部《あいちみんぶ》と成田平八《なりたへいはち》らと共にそれぞれ三百文の寺社年貢の確認をされている。そして現在（永正六年、十二月時点）成田平八に代わって「山口左馬助《やまぐちさまのすけ》」という人物がこの立場にあるという事である。

「愛智民部」と「山口左馬助」いう人物にはそれぞれ「殿《との》」付けされている点を鑑みれば笠覆寺《りゅうふくじ》の有

力者（檀那）であったことを汲むことができる。

愛智民部は文明十五年（一四八三）を最後に姿が見えなくなる一色愛智《いっしきあいち》入道《にゅうどう》（愛智助右衛門）の関係者に見做《みな》され、愛智塚の所在から戸部《とべ》一色《いっしき》城の城主であったと考えられる。

「山口左馬助」なる人物は『（牛久《うしく》）山口家譜《やまぐちかふ》』の系図を参照すれば、一代ほどズレが生じるが尾張山口氏の分家筋にあたる山口教房《やまぐちのりふさ》の年代の人物と想定され、山口左馬助教継の若き頃であるかも知れない。愛智氏は後に田中（戸部）氏に城を譲っていることから、この頃、田中（戸部）氏の入植に強い影響を受けたのだと思われる。

永正六年時点の愛知郡南部に属す笠寺台地では田中新左衛門、愛智民部、山口左馬助らが笠覆寺の年貢に関して一同に会していた。田中新左衛門は名越殿（国氏）の没落を受けて、愛知郡南部に進出する勢力を未然に防ぐため、笠寺《（笠覆寺）》観音一帯で有力者たちと結び、今川那古野領の回復活動に専念していたことが推し測ることができる。

愛知郡の防衛ラインをめぐって

那古野今川家が織田〔大和守〕家の愛知郡進出を許したのは「明応の政変」の後のことである。

『織田寛村判物』（実成寺文書）

尾州愛知郡日置内公文名事、任敏定《（織田）》寄進状之旨、
御知行不可有相違之上者、不可有他之違乱煩者也、
仍状如件、
　　明応五年九月十三日　　　寛村《（織田）》（花押）
実成寺《（海東郡）》

明応五年（一四九六）九月十三日、織田寛村は海東郡の実成寺に対して愛知郡日置内公文名を安堵、同年十一月三日には尾張国笠覆寺別当職を熱田社座主に安堵している。

織田氏といえば、『信長公記』首巻の影響が強く、尾張国の上四郡（丹羽郡・葉栗郡・中島郡・春日井郡）を織田伊勢守家（岩倉織田家）が支配し、尾張下四郡（海東郡・海西郡・愛知郡・

知多郡）を織田大和守家（清洲織田氏）が支配したという解釈が成される事が多い。

しかし、「下四郡」という言葉の解釈は難しく、那古野今川氏は明応五年（一四九六）に至るまで織田大和守家に愛知郡進出を許していなかった事は史料によって判然としている。那古野今川家は明応九年～元亀元年（一五〇〇～一五〇一）までには没落した事を伝えているから、仔細までは判らずとも「明応の政変」の前後で今川国氏の在地支配が徐々に綻びを起こしていたことを予見させる。

この為、名越殿（今川国氏）の一族近親も所領である尾張国愛知郡から圧《お》されていた事が推量される。しかし、那古野今川家は織田大和守家に一方的に圧されていた訳ではない。『尾張志《おわりし》』には「永正三年十一月十五日、氏親《うじちか》ノ制札《せいさつ》ニ明眼寺《みょうがんじ》ト記《しる》セリ」とあり、尾張高針の蓮教寺《れんきょうじ》（愛知県名古屋市名東区高針）には今川氏親の制札が立てられていたという。

この他にも愛知郡南端《なんたん》に位置する笠寺台地《かさでらだいち》は古くから今川氏の重要拠点とされており、永正五年（一五〇八）五月には今川氏親が寛蔵寺《かんぞうじ》に深く帰依《きえ》し、近隣の御学頭《おんがくとう》、蓮花王院《れんげおういん》、慈《じ》照院《しょういん》、福寿院《ふくじゅいん》、善海院《ぜんかいいん》、可笑軒《かしょうけん》、槃陸庵の六院を再建するよう命じたという社伝が伝わっている。これに対し、戸部新左衛門らは再建に着手しており「長楽寺《ちょうらくじ》（旧寛蔵寺）」には再建伝説が残っている。

戸部新左衛門や山口左馬助らは那古野今川家の被官であると考えられ、寛蔵寺に帰依したのは今川氏親ではなく、今川氏豊であった可能性も検討される。いずれにしても、この付近が那古野今川氏の防衛ラインであった事は想像につき易い。

『織田達定書状』（密蔵院文書）

笠覆寺別当職事、如先々、可被執行候、仍今度閇張《帳》儀、

不及案内之由候、近比曲事之段、可被申付候、恐々謹言、

三月《永正七》五日　　達定（花押）

座主《（熱田）》御坊

しかし、愛知郡進出を成した織田大和守家は永正七年（一五一〇）には勢いを増したのか、熱田社座主に対し笠覆寺別当職を兼補する事を認めさせている。

永正年間における尾張国愛知郡の今川氏の動向は没落以降はっきりとしていないが、遠江騒乱の最中にも在地で斯波氏や織田氏に抵抗していた勢力がいた事は僅かにうかがう事ができる。

「船田の乱」で遠江救援に出遅れていた斯波義寛は戦略を立て直し、駿河守護・今川氏親並びに伊勢宗瑞への反撃を開始した。

斯波義寛は文亀元年（一五〇一）、十一代将軍足利義澄《あしかがよしずみ》・細川政元政権に接近し、反撃の狼煙《のろし》をあげた。義寛は氏親の手によって切り取られた遠江奪還に向けて信濃守護の小笠原貞《おがさわらさだ》朝《とも》・松尾小笠原定基《さだもと》、関東管領・山内《やまのうち》上杉顕定《あきさだ》らに協力を要請し、今川・伊勢包囲網を形成し東西からの挟撃を試みた。

今川氏親と伊勢宗瑞《いせそうずい》はこの包囲網を突破するため将軍・足利義澄と対立する足利義尹《あしかがよしただ》（のちの義稙）に接近した。伊勢宗瑞は永正二年（一五〇五）に関東管領・山内上杉顕定と和睦するなど包囲網を崩している。

永正五年（一五〇八）には足利義澄政権は陥落し、足利義尹政権が樹立すると今川氏親はそのまま義稙支持に回り、遠江後略に向けて優勢にたった。こうして遠江国の国人衆を巻き込み泥沼化した戦いは過熱さを増していく。

知多郡の緒川水野氏との連携

この間、今川氏親は将軍・足利義尹に対する外交政策に注力しており、将軍職に就いた義尹に対し、忠誠をアピールするために馬を献上する予定であった。

しかし、馬の輸送には斯波氏の領国である遠江・尾張両国を安全に通過しなければならないという懸念があった。この為、斯波氏と対立する今川氏親の外交は困難を極めた。

そこで今川氏親・伊勢宗瑞は遠江国を経由するルートを避けて甲斐・信濃・三河経由で知多半島に入るルートの確保に当たった。

無論、尾張国内に関しても斯波氏管国であるから遠江国通過に酷似した問題が山積していた。今川氏親は今川下野入道の息男・那古野新五郎《なごやしんごろう》(後述にて説明)という手札を持っていた。

那古野今川氏の所領である尾張国愛知郡は同国知多郡とは近隣に面している。このような地理的要因も手伝い、知多郡の水野氏とは縁故関係にあったと考えられ、条件次第では緒川水野為則の協力を得る事が容易であったと考えられる。

具体的には愛知郡井戸田などの那古野今川氏の旧領地帯（代官職）を緒川水野氏に割譲《かつじょう》し

て、那古野今川氏が代々称してきた官途受領名を緒川水野氏に移譲することを打診したと考えられる。

新行紀一氏は水野氏が義尹（義稙）＝今川方であったことを指摘する。（『刈谷市史．二〈近世〉』所収「水野氏の刈谷進出」：新行紀一）

『宇津山記』七月十七日条

（前略）七月十七日に大湊まで出て、尾張国智多郡常滑といふ津にわたりして、参河国かり屋、水野藤九郎宿所千句、

『実隆公記』永正五年八月四日条

尾州水野右衛門大夫任下野守云々　稱禮來携太刀　大隅引導也、對面了

事実、水野為則は今川国氏（名越殿）の没落によって未進となった愛知郡井戸田の年貢を今川氏に代わって治めているし、今川氏に代わって「下野守」の官途名を任じられている。これらの事績から緒川水野氏は那古野新五郎・今川氏親と協力関係にあった事が予測される。緒川水野氏は那古野今川氏に貸しを作る事で愛智郡への進出を果たしているし、祖系たる小河氏由来の「下野守」の官途名を手中に取り戻している。

永正十年（一五一三）四月十七日、遠江国の所領を巡って長らく今川義忠・氏親と対立し

てきた斯波義寛が没した。（『正観院殿《しょうかんいんどの》前左武衛竺渓仙公大禅定門三十三回忌香語』）

　このため、義寛に代わって次代当主である斯波義達《よしたつ》が徐々に遠江戦線に積極的に参陣するようになる。

　今川方では連歌師宗長がこの遠江合戦に関して『宇津山記《うつのやまき》』や『宗長手記《そうちょうしゅき》』に記録を残している。宗長は幼少より今川義忠に出仕し、氏親にも近侍しており手記には「抑《そもそも》、当国《（遠江）》・尾張半国当方分国。中比《なかごろ》上意いかん。しばらく武衛御料国として、御あづかりの事にや。」と記している。

　宗長曰くこの遠江騒乱は当国（遠江国）と尾張半国をかけた戦いであることが示唆しており、しばらくの間、斯波〔武衛〕家によって支配されていた両国を今川氏の手に取り戻したと伝えている。

　永正年間における斯波氏と今川氏の戦いには遠江国の覇権の他に尾張半国情勢も複雑に絡み、今川氏親が那古野今川氏の旧領回復に積極的であった事がうかがい知れる。

　これらの事情を勘案すると今川氏親の側には遠江・那古野今川家の有力者が近侍していた事が予測される。

那古野新五郎の登場

左記日記は冷泉為広が永正十年（一五一三）に駿河国へ下向した際の記述である。

今川氏親の御一家には「一、小鹿民部少輔」「二、瀬名源五郎」「三、葛山八郎」「四、関口刑部少輔」「五、新野某」らに並んで「ナコヤノ新五郎」の名が散見している。（罫線ママ）

今川庶家に対し降られている番号に関しては序列を指し示している可能性が高く、那古野今川家はこの枠に収まらない事から例外的存在であった事が予測される。（『戦国今川塾（二〇一四）』第3回レジュメ「戦国大名今川氏の家臣たち－一門・譜代・外様の実像を探る」：大石泰史）

『為広駿州下向記』永正十年条

一熱田道家中務丞ト云也、

一下野云、親ハ入道也

一ナコヤノ《那古野》新五郎

一今川一家ニ、一今川子ニ又五郎 民部少輔 又五郎弟ニ慶千世

四 関口刑部少輔 子ニ慶王

二セナ 瀬名源五郎　五ニヰノ 新野　三早雲子也 葛山八郎

那古野新五郎は下野と云う入道（今川下野入道）が親であるというから、今川下野守の後継である国氏の息男であったと推定される。このような前提理解の下『名古屋合戦記』を再び振り返りたい。

〔県資14〕. 四『名古屋合戦記』

（前略）大河内尾州へ禮ヲアツクシテ斯波殿ノ援ヲ請ヘリ、義達諾シテ従之大河内ハ遠江國引馬ノ城ニ楯テ籠リテ種々ノ謀略ヲ企ツ、今川殿是ヲ退治セントテ、永正十年ノ三月、一萬餘ノ軍兵ヲ卒シテ、遠州へ發向、斯波殿ハ深嶽ノ城ニ出張シテ軍評定アリシ、今川殿ノ家臣朝比奈十郎泰以夜ヲ侵テ襲之シカハ、尾張勢敗北シテ奥山へ退キ遁ル。同十一年三月大河内重子テ引間ヲ取リ返シ、池田入野邊ヲ押領シテ却テ威強盛ニナリニキ。又、斯波殿ノ出馬ヲ請ヒケレハ、義達再進發ナリシ、清須ノ城ニハ織田大和守敏信ヲ留守トシ給ヘリ、サレトモ織田伊勢守信安遠州進發ノ事ヲ止シニ、義達許容ナカリシカハ、不和ノ事出來テ、上四郡ノ兵ハ参陣セサリシ故、斯波家ノ軍無勢ナリシ、然レトモ大河内ヲ援テ引間ノ籠城ト聞ヘシ、同年六月、今川殿三萬ノ兵ヲ率シ取リ巻テ攻撃レケレハ、同年八月十九日終ニ落城シ、大河内貞綱并ニ、其弟、巨海新左衛門尉道綱・高橋三郎兵衛尉正定、中山監物等千餘人討死セリ、

永正十年（一五一三）三月、義寛の跡を継いだ尾張守護・斯波義達（十三代当主）は遠江国人・井伊直平や吉良氏家臣の大河内貞綱らと連携し遠州に進発したが、今川氏親配下の将・朝比奈泰以《やすもち》や吉良氏家臣の飯尾賢連《かたつら》の前に大敗を喫した。

〔県資10〕・七九八『定光寺年代記』
癸酉 十 四月十四日夜尾州織田五郎殿所害、
尾州兵乱

〔県資10〕・七九七『東寺過去帳』
於尾張国武衛屋形衆与織田五郎合戦、五郎惣領生涯、侍衆卅余人討死、美の斎藤彦四郎合力、内者西尾兄弟同名州卅余人討死之外雑兵以下数百人、

この遠江国遠征を巡って織田大和守家の織田五郎達定《みちさだ》は斯波義達と対立し合戦に及んでいる。この戦いは「尾州兵乱」とまで言われる規模であり、美濃の持是院《じぜいん》家五代当主・斎藤彦四郎も織田達定方に合力しているが、仔細の程ははっきりしていない。

斯波義達は大敗を受けた翌永正十一年（一五一四）も遠江再出征に挑んだ。これには織田大和守家が留守居《るすい》するばかりか織田伊勢守家も遠州進発を止めるなど斯波義達と不和の出来事があったというから、尾張国内でも遠江遠征に対して懐疑的な声が挙がっていたのであろう。しかし、義達は遠江再遠征を強行した。

〔県資14〕・四『名古屋合戦記』
（前略）斯波殿ハ降人トナリ、普済寺ト云禪院ニ入リ剃髪シ給ヒケレハ、一家ノ好ミニ命ヲ助マヒラセ、尾州

へ送リ還サレケル。此時向後駿河屋形ニ對シテ、弓ヲ引クヘカヲサル由起請文ヲ留メテ歸國アリケル、依之今川殿其末子左馬之助氏豊ヲ指添テ尾張へ指上セ給ヘリ義達ハ、既ニ隠居アリシカハ若君ヲ織田大和守以下補佐シテ武衛家ヲ相續ス。是治部大輔義統ナリ、大永ノ初今川殿ヨリ尾州名古屋ノ城築、左馬助ヲ移入テ清須ノ押ニセラル、義統ノ妹左馬助ニ嫁シケル上ハ東西隔ナク中々静カナリケル（後略）

永正十四年（一五一七）八月今川氏との戦いに敗れた斯波義達は普済寺《ふさいじ》という禅寺《ぜんでら》に入って剃髪した。今川氏は斯波氏の家格を鑑《かんが》みて命ばかりは助命したが、その際幾つかの条件を設けており、今後今川家に対して弓を引かない由を起請文に書かせた上で今川氏豊を指し添《さぞ》えて尾張国へ入った。そして、義達は強制的に隠遁《いんとん》させられ、織田大和守家の補佐の下、家督を息男の斯波義統に譲ったという。

その後、四年の期間を空けて大永の初年（一五二一）に今川氏豊が那古野城（柳之丸）に入り、斯波義統の妹（義達の娘）と娶ったので尾張国の東西は隔てることなく中々静かであったという。

原文を読むと今川〔左馬助〕氏豊は「永正遠江の戦い」時には既に那古野家の家督を相続する年齢に達していた事が明らかで、斯波義達の尾張強制送還《きょうせいそうかん》に際して今川方の将として義達に同道して尾張国へ入っている。

そして、大永元年には斯波義達の娘を妻室に迎え那古野城に入城した。より正確な史料である『宗長手記』で同出来事を振り返りたい。

〔県資10〕・八五一『宗長手記』

（前略）武衛又子細ありて出城。ちかき普斎寺と云会下寺にして御出家。供の人数をの〱出家。尾張へ送り申されき。すべて社山・二俣・伊井の奥山、今度ともに三・四ヶ度如レ如し。希代の不思議にや。此大河内備中守、当国に敵する事、同三・四ヶ度なり。抑、当国・尾張半国当方分国。中比上意いかん。しばらく武衛御料国として、御あづかりの事にや。

宗長曰く、斯波（武衛）義達は敗戦が濃厚となると城を出て降伏し遠江国敷知《ふち》郡《ぐん》広沢《ひろさわ》（静岡県浜松市中区）にある普済寺に入って出家し、家臣らも付き従い共に出家した後、尾張国へと送り返されている。

宗長は続け様《ざま》に、もっとも、当国（遠江国）と尾張半国は当方（今川方）の分国であるから将軍家による上意があったので、しばらく武衛家の領国となっていたに過ぎない。と記している。

遠江国と尾張半国が今川氏の旧領である事が殊更《ことさら》強調されており、暫く斯波〔武衛〕家に領地下になっていたというから、明応九年～元亀元年（一五〇〇～〇一）頃に没落した那古野今川家に代わって斯波〔武衛〕家勢力が一時的に愛知郡全域を統治下に収めていたのだろうか。

この当時、僅かではあるが織田〔大和守〕家が一部愛知郡に進出して領地を拡大している様子が確認されるので、那古野今川方の支持基盤の強い笠寺台地などの一部を除いて織田〔大和守〕家や〔藤左衛門尉〕家による一時支配が予測される。

これらの支配地域は今川氏親の手によって永正十四年（一五一八）に再び今川方に帰した。『名古屋合戦記』及び『宗長手記』の記述を考慮すれば、今川氏豊とは永正十四年（一五一八）時点で「遠江騒乱」に関与しており、斯波義達の尾張帰国に同道した人物でなければならい。

つまり、今川氏豊とは今川下野入道（那古野領主）の子・那古野新五郎の事績が養嗣子竹王丸の事績と混同されていると推量される。そして、那古野家再興を掲げた新五郎は斯波義達の指添《さしぞ》えとして尾張国《おわりのくに》へ入り、三年後の大永元年（一五二一）に義達の娘を妻室に迎えた。

『言継卿記』の天文二年（一五三三）の記事には「那古野　十二才　今川竹王丸」という記

述があり、那古野に今川竹王丸という少年がいた事が判明している。

竹王丸の年齢を逆算すると大永二年（一五二二）生まれであるから、大永元年（一五二一）に竹王丸が斯波義達の娘と結婚していたという逸話は少々無理が生じており、新五郎がのちに駿河宗家から養嗣子として竹王丸を迎えていたのであろう。今川竹王丸は織田〔弾正忠〕家の織田信秀・虎千代兄弟ととても仲が良く、那古野城から勝幡城に足繁《あししげ》く通っている様子が確認できる。これらの交流は本来であれば竹王丸の父である新五郎の役割であるから、天文二年（一五三三）までに新五郎が亡くなっていた可能性も示唆される。

黒田基樹氏が「新五郎は元服にあたって氏親から偏諱を与えられた可能性があり、それが「氏豊」であったかもしれない。また、そうでないにしても新五郎が氏親から、駿河今川家の通字とされた「氏」字を与えられていて、その子竹王丸も元服後にそれを踏襲して名乗ったのが「氏豊」であったのかもしれない。」と指摘するように父子間で「氏豊」名が受け継がれていた可能性もあるだろう。（『シリーズ・中世関東武士の研究・今川氏親〔第二六巻〕』：黒田基樹編著（戎光祥出版・二〇一九）

領地返還と守山殿の闕所地割譲

『(冷泉《れいぜい》)為広《ためひろ》下《げ》向日記《こうにっき》』は今川氏の領国にいる尾張国の有力者として那古野新五郎と熱田道家中務丞《どうけなかつかさじょう》の存在を挙げている。(『為広駿州下向記』〔冷泉家時雨亭叢書：第62巻〕)

那古野新五郎は同記に補注されているように、那古野の今川下野入道の息男であるが、道家中務丞という人物は明徳元年(一三九〇)に尾張真清田《ますみだ》社の社領「行相里《こうそうのさと》」を押領した人物の後裔である。(『尾張守護《おわりしゅご》土岐《とき》満貞《みつさだ》奉《ぶ》行人《ぎょうにん》連署奉書《れんしょほうしょ》(大徳寺文書)』)

当時の道家中務丞は尾張守護・今川仲秋の手によって真清田社家から引き渡され赦免されたという経緯があった。これ以降道家一族は尾張国春日井郡守山の有力者「守山殿《もりやまどの》」として君臨したと考えられる。

冷泉為広は下向記で遠江・駿河今川領に入って那古野新五郎らと相前後して会っている事から道家中務丞(守山殿)は那古野今川方に与《くみ》する立場の人物とと推定される。

そして永正年間の騒乱の影響を受けて那古野今川家同様に尾張国を追われた存在であったのだろう。

守山殿の所領であった「熱田」は遠江騒乱の後には闕所地《けっしょち》となり、今川氏の重臣である斎《さい》藤加賀守《とうかがのかみ》が入っている。（『斎藤勝秀書状《さいとうかつひでしょじょう》（熱田浅井文書）』）そして、守山殿（道家中務丞）の本貫「守山」には桜井《さくらい》松平家の松平《まつだいら》信定《のぶさだ》が入った。

この守山殿の旧領割譲に関しては今川氏豊（新五郎か）と斯波義達娘の婚姻関係もある事から、那古野今川家と斯波（武衛）家の間で何らかの協定が結ばれていたと考えられる。

織田大和守家の侵攻によって今川家の手を離れていた愛知郡那古野領に関しては今川家に返還、愛知郡の要所である熱田領は駿河今川家の重臣・斎藤加賀守家に割譲され、春日井郡守山領には守山殿（道家氏）に代わって今川方・斯波方（守護代家織田方）の双方からある程度信頼を得ていたであろう三河の桜井松平信定が入部している。

もっとも横山住雄氏は守山殿の存在を挙げ「守山城は今川方が斯波氏を監視し、さらに那古野城を支援する目的として築かれたとみてよいだろう。」と守山城が那古野城の支城であった事を強調している。（『織田信秀～信長飛躍の足がかりを築いた猛将』：横山住雄）

これらを鑑みれば松平信定は当初は那古野今川家寄りの存在であった可能性もあるだろう。

遠江騒乱の事後処理の影響は尾張国関連史料にいくつか散見しており、尾張小守護代（守護又代）坂井氏の愛知郡往来などもその一端である。

〔県資10〕・一〇四八『宗長手記』大永六年（一五二六）四月条

笠寺　宮をたちて、又、摂津守をのく〳〵鳴海まではる〴〵とうちをくられ、名残おほくこそ。宮と鳴海のあいだに笠寺と云あり。人おほく詣ずるを見て立よれば、寺の本尊観応のほうはれて、笠をきはべる。殊勝にもあはれにもさま〴〵也。此寺の昔も此本尊ほう《〔頬〕》はれて笠をき《〔着〕》せてたてまつりける。さてなむ笠寺とはいひけるにや。

大永年間の尾張国の内情をうかがわせる史料として『宗長手記』は尾張小守護代・坂井摂津守の往来をこのように記している。

三月下旬、を坂井〔摂津守〕村盛《むらもり》は連歌師宗長を尾張国春日井郡清須で迎えて興行を催した。その後、〔摂津守〕村盛は翌四月一日に熱田神宮を経由して鳴海・笠寺に入る宗長に同道して笠寺観音（笠覆寺）を参拝している様子がうかがえる。

愛知郡の熱田は先述したように守山殿の闕所として斎藤加賀守家が入っているし、鳴海・笠寺地区は先の那古野領主・今川国氏（名越殿）の没落時ですら斯波氏や織田氏の介入を中々許さなかった地である。

これらの経緯を踏まえると坂井〔摂津守〕村盛の熱田・鳴海・笠寺観音への同道は斯波方・織田氏の領地から今川氏の領地への往来を意味している。

このような領地を跨ぐ複雑な往来は今川氏豊（新五郎か）と斯波義達の娘の婚姻関係によって良好な関係が築かれていた為に成立していたと予測される。

〔県資10〕．四四四『蔭凉軒日録』延徳四年（一四九二）正月二十八日条

廿八日、不参、天晴、早旦、遺昌《(盛文慈昌)》子於紀綱云、（中略）又、御相伴給仕書立五員、自前紀綱寮被贈之、等元喝食在其中、抜之則四員也、以次十員許被書立可賜、明日、皆可伺之、自此方二人書立進之、被入其中為幸、

宗湫喝食　武衛《(斯波義寛)》被官織田兵庫《(寛広)》助弟

慈駿喝食　今川《(国氏)》殿被官坂井息

或いは「坂井氏」だからこそこのような対応が出来た可能性もある。『蔭凉軒日録《いんりょうけんにちろく》』によれば、この往来から二十数年前にあたる延徳四年（一四九二）に、今川殿（国氏）被官に坂井某の

息男の存在が認められる。この事から、尾張坂井氏が尾張西部と東部を跨って織田氏と今川氏に両属していた可能性も検討される。坂井氏の往来に関して幾つかの検討余地が残るため断定する事を避けたい。

駿河今川家の介入

田中新左衛門　没落後の今川那古野家家臣団には旧来とは異なり、駿河今川家にゆかりの深い者達が登場する。名越殿（今川国氏）の没落で活躍したのが、今川新野氏の庶流・田中氏で、彼らは熱田以東の今川那古野領の保全に大いに尽力した。

遠江田中氏は初代今川国氏の庶長子・今川左馬頭義為の三男・田中七郎為家から始まる家とされ、その本拠地は兄・新野左馬助の所領・佐野郡新野郷に面する佐野郡富部郷田中（静岡県掛川市）にあった。

『寛政重脩諸家譜』巻第千二百十五巻「清和源氏　義家流　新田支流」

家傳に、先祖遠江國富部田中を領せしにより、田中を稱し、今川義元につかへ、尾張國笠寺城に居住し、後証にあふて誅せらる。子孫にいたり田中に復すといふ。

この伝承は少々歪曲して後世に伝わったのか、遠江田中氏は『寛政重脩諸家譜』では、新田氏の支流と伝わっているようである。田中氏は遠江から尾張国笠寺（愛知県名古屋市南区笠寺町）に移住し、名字を田中から戸部に改めている。

田中氏の尾張と遠江の往来は古いが、尾張国へ定住したのは明応の政変以降だと推定され、永正年間には既に尾張国に散見していることから名越殿（国氏）に仕えていたのであろう。田中新左衛門は、永正五年（一五〇八）に「寛蔵寺《かんぞうじ》」という廃坑した寺社を再建し、寺号を「長楽寺《ちょうらくじ》」に改め、今川領とした。

田中（戸部）新左衛門という人物は尾張国愛知郡で二代に渡って活動した痕跡が見え隠れしており、明応九年／文亀元年（一五〇〇、一）頃に那古野領主・今川国氏が没落した際に斯波家の家人・織田弥九郎《おだやくろう》を始めとする押領人から、今川那古野氏の所領を保全する為に活動していた。

もっとも、愛知郡井戸田荘（愛知県名古屋市瑞穂区）などは水野氏が正式な手続きを踏んで「下野守」を授与されているので、敵対者ばかりではなかったのであろう。

笠寺の田中新左衛門は他家からの押領に脅かされる那古野領の防衛に大いに貢献した。

前島義泰

大永四年（一五二四）頃になると、駿河今川家の家臣・庵原《いはら》安房守が愛知郡那古野一帯を警固している姿が散見し、下野入道や名越殿（国氏）が居住していた館が、改築され城郭へと変貌したのであろう。

この改築普請には庵原氏が派遣されていることからも駿河の今川氏親が援助の手をまわしていたことが明らかで、那古野城が氏親の手によって築城されたとする説はこのような経緯からそう伝わっているのであろう。

懸佛銘（長瀧寺所蔵）

『永正十七年六月吉日懸佛銘』
奉懸駿河國庵原郡興津卿
前島左近四郎
永正拾七年（庚辰）六月吉日

『日吉神社懸佛』
駿河國庵原郡興津卿
源義泰敬白
大永四年甲申六月吉日
前島左近四郎

同年、中島郡白山権現社《はくさんごんげんしゃ》に同じく今川家臣・前島左近四郎義泰が氏豊の在城を祝して美濃本国（白山社）より鏡を取り寄せて神鏡として奉納するなどしている。

義泰は永正年間（一五〇四〜一五二一）に入ると駿河国庵原郡より尾張国へ移住し、今川那古野家に仕えた。

義泰は永正十七年（一五二〇）、長瀧寺／白山神社（岐阜県郡上市白鳥町長滝大門）に銅製の十一面観音懸佛（文字が刻まれた鏡面）を奉納しており、白山信仰で名高く崇敬される長瀧寺に今川那古野家の繁栄を願った。義泰は駿河国庵原郡興津卿（静岡県静岡市清水区）の出身で興津氏との関連も検討される。

義泰は田中新左衛門や斎藤加賀守らと同時期に尾張国に移住しており、駿河惣領家から今川氏豊の助勢として新たに加わった重臣であったと想定される。義泰の知行地（所在）は不確かであるが、今川那古野家の所領範囲である愛知郡もしくは隣接する春日井郡・山田郡・知多郡の何れかの地域に在地していたと考えられる。

義泰は中島郡の法華寺《ほっけじ》／國分尼寺《こくぶんにじ》（愛知県稲沢市法花寺町）白山社の和尚と交友関係を持っていたのか、大永四年（一五二四）に法華寺（國分尼寺）の鎮守として境内にあった白山社を日吉神社（愛知県稲沢市花寺町）境内に移設する際に、鉄製の懸佛一面を奉納している。

この当時の尾張国では白山信仰に手厚い白山奉信者が増えており、織田伊勢守家の織田兵庫助などはその代表格であった。尾張那古野にも古くから白山神社の分社が在ることから、那古野中腹に所領を持つ今川那古野家（国氏、左馬助氏豊）も白山神社を崇敬していたと推定される。法華寺境内の社が移設した際には白山神社（長瀧寺）の神鏡を分霊し、日吉神社に納めた鏡面が存在している。

『尾張名所図会 後編巻2　中島郡』
白山權現社　同村にあり、當社に古き神鏡一面ありて、裏銘に「駿河國庵原郡源義恭敬白。大永四年甲申六月吉日前島左近四郎」と見えたり今川氏豊名古屋に在城の頃、其本國より取りよせて、當社の神鏡とせしなり。

『尾張名所図会《おわりめいしょずえ》』などにも今川左馬助氏豊が那古野に在城の頃に本国（美濃）より（鏡一面を）取り寄せて、神鏡としたという経緯が記されている。義泰の活動範囲は意外にも広く、美濃国から中嶋郡にかけて活動していることは確かな事績であり、その動向は今川那古野家の内政を預かっていたというよりは宗教神事や外交を任される立場にあった。

白山神社・長瀧寺

熱田の斎藤加賀守安元　永正十八年／大永元年（一五二一）、善忠という人物は「守山殿」の知行地が欠所／闕所した頃に借銭《しゃくせん》の礼《かた》として「荒浜《あらはま》」（愛知県名古屋市南区荒浜）を永代に渡って浅井藤二に渡したという。善忠が所有していた浜を利用していた源六・源三郎兄弟はこれに不服があったのか、利用権の継続を求めたようである。源六と源三郎は荒浜を利用する代わりに、毎年五十文の年貢を斎藤加賀守に献上するということで三者間に話がついていたようである。

つまり、大永六年（一五二六）以前の永正十八年（一五二一）までには今川那古野家の斎藤加賀守が「守山殿」の知行地を支配していることが確認する事ができる。

この事からも守山領が今川那古野家の支配下に

あった事は確かな事績であり、桜井松平家の信定も今川那古野家から強い信頼を置かれ、守山城を預かるに相応しい人物であったことが想起される。

今川家の斎藤加賀守といえば太田道灌の軍配者（軍師）であり、道灌が謀殺されると扇谷上杉定正に迎え入れられたようである。

その後、斎藤加賀守安元は伊勢新九郎盛時、今川氏親に従い丸子城（静岡県静岡市駿河区丸子）に在所している事から、太田氏出仕以前より、今川氏に仕える斎藤一族（斎藤佐渡守ら）の類族であったと考えられる。

そんな彼は柴屋軒（連歌師）宗長と親しい関係にあって、『宗長手記』や『宇津山記』にも度々その名が現れ、大永年間に至っても未だ健在と長命であった。

永正十二年（一五一五）に尾張守護・斯波義達が今川氏親に大敗を喫したことから、愛知郡・知多郡・山田郡が今川氏に割譲されていることを踏まえると、今川那古野家の斎藤加賀守は元々関東・駿河で活躍した斎藤安元の晩年の姿か後嗣と考えられ、このタイミングで一族が尾張国へ移住し、今川氏豊期の古参重臣になっていた。

斎藤加賀守安元の息男・勝秀は今川なこや竹王丸と共にその名が現れ、共に行動していることから斎藤加賀守がなこや竹王丸の側近であったことや、和歌や蹴鞠を通じて織田信秀や平手政秀らと交友関係にあったことが窺がえる。

『言継卿記』天文二年（一五三三）七月廿三日～条

今日三郎亭にて和歌會有之、予和歌飛鳥へ談合、二首懐紙也、（中略）
人數飛鳥、予、蔵人、織田三郎、《信秀》、同右衛門尉達順、釋安心、《日蓮宗》矢野石見守三善寛倫、さいか右京進三善
定直、省方、速水兵部丞平親忠、沙彌周徳、斎藤加賀守勝秀、織田十郎右衛門尉頼秀、（後略）

『熱田浅井文書』（東京大学史料編纂所影写本）

其方御両人御引得・鵜（鵜殿）雲松分荒浜年貢の事、合百文は、熱田大明神帰真（寄進）申候、毎年又四郎大夫殿へ御納得
有るべく候、其ため此の如く申し候、委細は此の者申すべく候、恐々謹言、

天文十九年　　　　斎藤加賀入道

十一月九日　　　　定訓（花押）

浅井藤二殿

同源七郎殿

御宿所参る

天文十九年（一五五〇）、なこや竹王丸の近侍していた斎藤加賀入道定訓は、先の「善忠判物」の折に父・斎藤加賀守の知行となった「荒浜」を相続している。

この「荒浜」は熱田大明神の一円にあることから、斎藤加賀守安元は前知行者である「守山殿」に代わって熱田の知行主となったと推定される。名越殿（国氏）に近しい「守山殿」は山田郡の有力者・道家氏に見做され、守山や熱田に強い地域的権威を誇っていた。

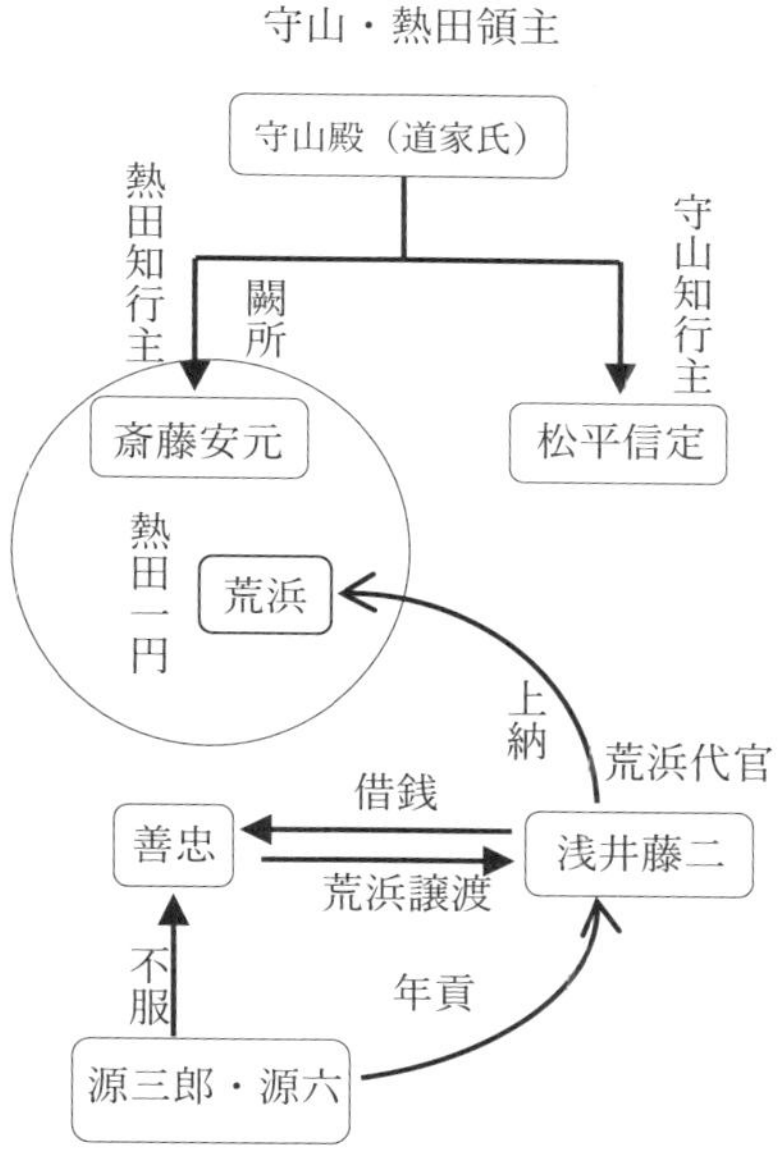

熱田・守山　知行変遷図

守山殿（道家氏）と松平信定、斎藤加賀守は何らかの接点を持っていたことが推定されるが、関連史料が少なく詳細までは判っていない。後年「徳川四天王」として頭角をあらわす榊原康正《さかきばらやすまさ》の母・道家氏某が守山殿の縁者と思われ、彼女の子孫である道家《どうけ》甚平《かんべえ》は奥平家に仕えている。

『熱田浅井文書』には「斎藤加賀入道定訓、駿州宇津山郷士」と附札《つけふだ》あることから安元の一族は駿河国で血脈が途絶えたのではなく、尾張国那古野に移住していたことを改めて確認することが可能である。

竹王丸（＝氏明）の側近・斎藤加賀守一族は織田信秀による柳之丸（那古野城）取りの後、天文十九年までは足跡を確認できる事から、織田信秀の家臣に降って、領地の安堵があったと考えられる。「熱田」という土地柄上、熱田大宮司職《だいぐうじしょく》・千秋家《せんしゅうけ》や熱田神宮寺《じんぐうじ》座主《ざす》憲信《けんしん》との静かな駆け引きがあったことは十分に想定される。

大永六年（一五二六）前後には松平信定が守山城を預かっており、信定は織田信秀の婚姻関係を持っていた。このような繋がりから柳之丸（那古野城）取りは織田信秀によって松平信定方に調略の手が回っていた可能性を故・横山住雄氏は挙げている。

今川那古野家の先代・今川兵部大輔国氏（名越殿）が健在であった頃の配下は基本的に山田氏や安食氏、道家氏など尾張の在地勢力（主に尾張源氏）によって形成されていた。

しかし、国氏（名越殿）の没落期（永正年間）に入ると、笠寺の田中新左衛門（遠江国出身）、熱田の斎藤加賀守（駿河国出身）、那古野城の警固番役・庵原安房守（駿河国出身）、神鏡奉納者・前島左近四郎（駿河国出身）ら尾張国外の今川家臣が多く登用されている。

田中新左衛門などの古くからの譜代家臣を除けば、彼らが今川氏親（駿河今川家）の手の者であることは歴然である。明応の政変以降、室町幕府が求心力を失うと奉公衆・奉行衆などの急激な弱体化を受け、今川那古野家の母体となる将軍家は政情不安定に陥った。

そこに加え、今川那古野家の復興時に駿河・遠江の勢力が家臣団中枢に加わったことで、これまで在京奉公衆として今川惣領家（駿河守護家）から独立性を保持していた彼らは、今川氏豊期になると、奉公衆一番方を支える幕臣配下というよりは、惣領（駿河）家からの出向組の影響を受け、今川氏輝・義元の政策に対して同調姿勢を歩むようになるのである。

史料上の従属関係がはっきりしている訳ではないものの、永正年間以降の今川那古野家復興時から尾張国内での内政には駿河今川家の意向が大きく介入し、影響していたことは明らかである。

今川那古野家家臣団の成立

年代は遡るが今川那古野家の主要家臣団の形成については、平安時代末期の「治承《じしょう》・寿永《じゅえい》の乱」の一つ、美濃・尾張の国境沿いで起きた戦いが、その後の尾張半国情勢に大きな影響を与えていた。

東海地方の雄・源 行家《みなもとのゆきいえ》は甥である 源 頼朝《みなもとのよりとも》の麾下《きか》には入らず濃尾地方《のうびちほう》で独立勢力として尾張・三河国で勢力圏を独自に築いていた。

治承五年（一一八一）三月十日、源行家と平家との間に「墨俣川《すのまたがわ》の戦い」と呼ばれる大きな戦いが勃発した。源行家の軍勢には甥である源義円《ぎえん》と源重光《しげみつ》（山田重満）ら尾張源氏の勢力に加え、源頼元ら大和源氏が加勢し平清盛の嫡孫・平維盛の軍勢と墨俣川（長良川）で激突した。戦いは凄惨な結果となり、源氏軍は大敗北を喫し甚大な犠牲を伴った。

源義円が夜襲を仕掛けようと試みた結果、策は失敗に終わり平盛綱《もりつな》の軍勢に討ち取られ、続けざまに尾張源氏・山田重満らも平盛綱の弟である平盛久に討ち取られてしまったのである。結果、源行家軍は熱田に篭り平家軍に応戦したがこれも打ち破られてしまい三河の矢作

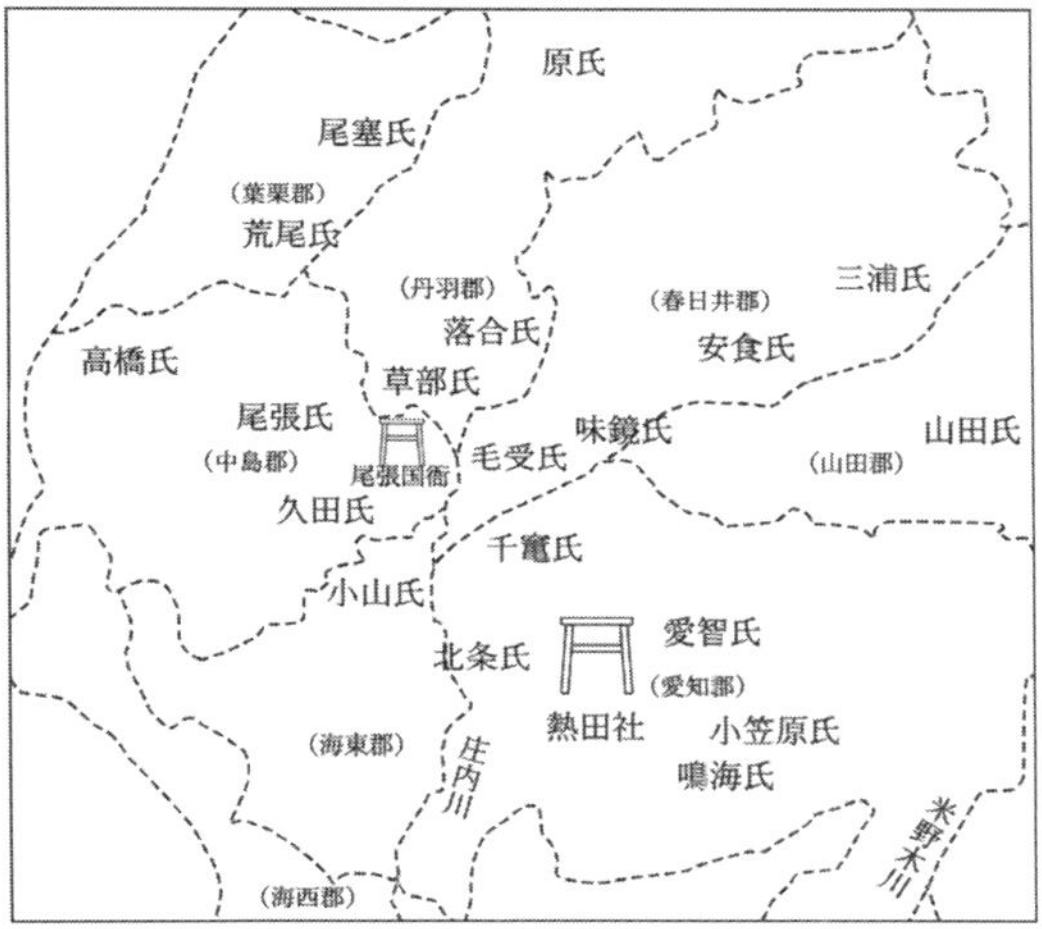

川にまで撤退すると行家軍は敗走する事となった。この墨俣川の戦いで尾張・美濃源氏の勢力は大きな犠牲を払い、戦後、平家の干渉も加わった事で勢力の弱体化を余儀なくされたのである。

このような状況下であるから尾張国の有力者が悉く平家に寝返る最中、和田義盛《わだよしもり》の娘婿・大屋中三郎安資《おおやちゅうざぶろうやすすけ》は一貫して源氏（頼朝）支持の立場を替えず旗幟《きし》を鮮明にしていた。こうした忠義が認められ寿永三年（一一八四）四月三日、源頼朝は尾張国大宅郷《おおやけごう》（愛知県名古屋市中区古渡町）の住人・大屋安資に当国（尾張）支配を認めた。

平家支配一色となっていた尾張国では大屋氏（源家系統）による復興が始まり情勢に変化が

現われた。

先の戦いで敗れた源行家には三男・西乗《さいじょう》という人物が存在し、西乗の息男・為貞《ためさだ》は尾張国中野に居住して中野源三と名乗り、後裔は中野氏を称した。

行家に従った甥の義円は愛知郡司《あいちぐんじ》であった慶範禅師《けいはんぜんじ》の娘を室に迎えていた為、二人の間に生まれていた遺児・義成を祖父である慶範禅師が擁立して愛知郡司職を相続させた。義成の代以降は愛智氏を称し一族は尾張国愛知郡の土豪として存続していく。

尾張源氏の源重光の一族はこの戦いから復興をかけて山田郡に根を張り、重光の類族（叔父・従兄弟）にあたる葦敷重頼《あじきしげより》・重隆父子らが尾張国春日井郡安食荘《あじきのしょう》の荘司《しょうじ》となるなど、先の「墨俣川の戦い」で弱体化はしたものの在地に根差した勢力として立て直しを図った。

このような経緯から尾張半国領には中野氏・山田氏・葦敷（安食）氏・愛智氏・大屋氏らの残存勢力が一族を次代へと繋いでいた。

今川那古野家には道家氏や山田氏・安食氏など尾張源氏を始めとする古くからの譜代家臣の他、氏豊期には新参家臣の登用が多く見られる。麾下にあった家臣団は氏豊時代に名越殿（国氏）期を超える最盛期を迎え、その版図の大きさは愛知郡内に留まらず群外周辺域にまで拡大していた。ここでは譜代家臣や駿河・遠江国からの移住者（今川氏親ゆかりの家臣団）

を除いた尾張国由来の家臣団を紹介したい。

中村元利　愛知郡中村（愛知県名古屋市中村区）を治める中村元利《なかむらもととし》は相模国《さがみのくに》足柄郡《あしがらぐん》曽我庄《そがのしょう》（神奈川県小田原市曽我谷津）の出身という諸伝があり、他にも中国地方出身で赤松氏の庶流とも伝わっていて、その出自は判然としない。氏豊に仕える以前からもともと武勇に優れた人物であったという事績は共通しており、母国から尾張国に訪れた際に、その才覚を買われたようだ。

　元利は今川氏豊に仕えると春日井郡野田村（愛知県名古屋市中川区・中村区野田）の薬師《やくし》寺《じ》刑部大輔《ぎょうぶのたいふ》の娘を室に迎え、薬師寺氏の娘との間には又蔵元勝が生まれた。息男の中村元《なかむらもと》勝《かつ》もまた、今川氏豊麾下の勇士として名高い人物であり、父子で今川那古野家の武門の勇士であった。元勝は柳之丸が狙われた「名古屋合戦」で織田弾正忠《だんじょうのじょう》信秀《のぶひで》と織田丹波守《たんばのかみ》を相手に勇猛に戦ったという。

大屋右京亮　同国愛知郡廣井村《ひろいむら》（愛知県名古屋市中村区・西区）の大屋氏は押切城《おしきりじょう》の城主で、名古屋合戦時に織田信秀方と戦い敗戦したとも伝わっている。

　伝承が正確であるならば合戦時に山田氏や中村氏に呼応して加勢したと考えられる。

柴田家親　尾張国春日井郡田幡村《たばたむら》（愛知県名古屋市西区）の柴田《しばた》七蔵《しちぞう》家親《いえちか》は柳之丸《やなぎのまる》（那古野城）の背後に位置する拠点を任されており、氏豊からの信頼に厚い人物であったことを窺わせる。

『尾張志』などに「永正三年十一月十五日、氏親《うじちか》ノ制札《せいさつ》ニ明眼寺《みょうがんじ》ト記《しる》セリ」とあり、尾張国内で白山信仰《はくさんしんこう》が特に強かった尾張高針《たかばり》の蓮教寺《れんきょうじ》（愛知県名古屋市名東区高針）に今川氏親の制札が立てられていたという。　蓮教寺は永正年間の当時は「明眼寺」と呼ばれ、下社村の柴田氏と所縁が深く、交流を持っていた。

制札（今川氏からの布告）が立てられた永正三年（一五〇六）は今川那古野氏が没落して間もない期間のことであり、田中新左衛門ら今川氏残党勢力によって下社村の柴田氏と武力衝突が起きていたものと推定される。

今川氏との軍事衝突を避けるためか、あるいは窮地に立たされた下社城（愛知県名古屋市名東区陸前町）の柴田氏は、今川氏と和睦するために、下社の直下にある蓮教寺・住職に仲介を頼み、子息の七蔵家親を差し出したことが予測される。

この為、現在の牧野《まきの》ケ《が》池《いけ》緑地《りょくち》（名古屋市天白区）と猪高《いたか》緑地《りょくち》（名古屋市名東区）の区境一帯は今川氏の勢力圏になっていた。

これが、永正三年（一五〇六）十一月十五日のことであると推定され、柴田勝家の兄弟とも伝わる柴田七蔵家親は後に春日井郡田幡村を賜り、今川那古野家の重臣へと成長を遂げた。

塙九郎兵衛尉

菊池浩之氏は春日井郡大野木村《おおのぎむら》（愛知県名古屋市西区大野木）の塙（伴）氏が今川那古野氏の有力家臣であったと位置づけている。春日井郡南部は先に挙げた柴田氏を始め、今川那古野家が有していた地域であるから、伴《ばん》氏が家臣団の一員であったかはともかく、彼らが今川那古野氏の影響を強く受ける地域の在地有力者であったのは確かであろう。伴氏は古くは天文二年（一五三三）に織田弾正忠家に招かれ、今川竹王丸と共に山科言継の門弟に入った伴（塙）九郎兵衛尉《くろうひょうえのじょう》の存在が挙げられる。

九郎名は後年、塙直政が「九郎左衛門尉」と名乗っているから、天文二年にあらわれたこの人物は直政本人かその父だと推定される。

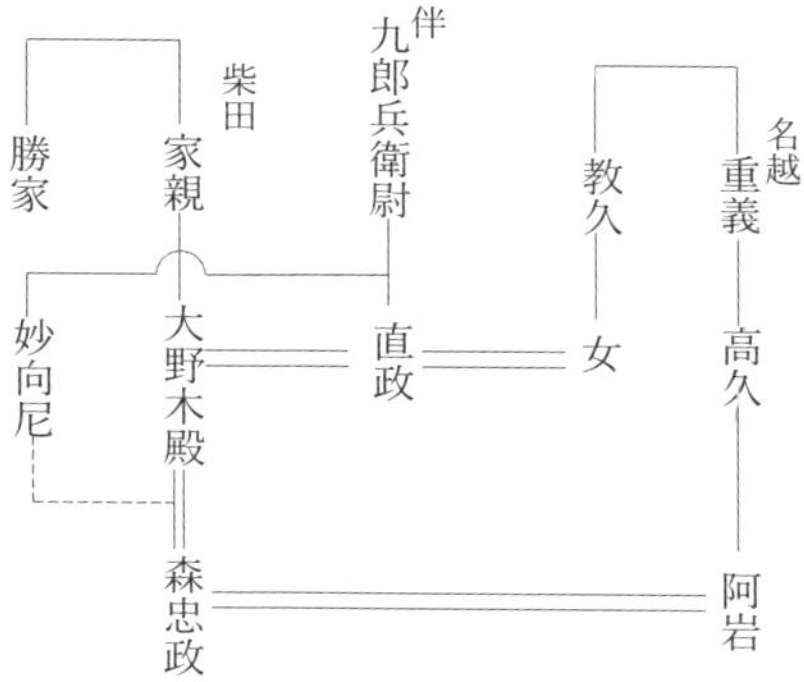

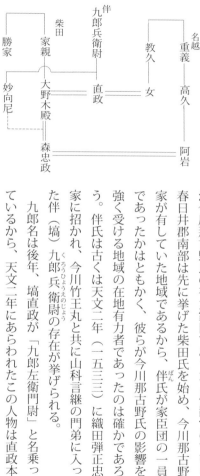

伴氏は山科言継《やましなときつぐ》が「竹王丸自愛々々、」と評した時に滝川彦九郎《たきがわひこくろう》らとその場に居合わせた人物で、今川竹王丸の愛らしさを間近で見ているなど、今川那古野家との関係性は明らかに深い。しかし、弾正忠家とも所縁が深く、勝幡に招かれていることから伴氏は織田方とも今川方ともつかず離れずの複雑な立場の在地有力者であったのではないだろうか。

伴直政は正室に名護屋《なごや》（那古野）隼人《はやと》の娘を迎えている。那古野家の「隼人」名は長男が「弥五郎」名を名乗るのに対し、二男筋、三男筋が「三郎」名や「隼人」名を名乗る傾向にあった。

直政の正室を輩出した名護屋某は『言継卿記』に九郎兵衛尉らと相前後して登場している那古野又七教久らの周辺人物であろうと推察したい。

直政の継室大野木殿は柴田勝家の娘とされているが、地勢的にも先に挙げた柴田家親の娘ではないだろうかと筆者は推定している。大野木殿は森忠政とも所縁があり、那古野家との地理的関連も想起させる。

安食次郎左衛門　尾張国春日井郡安食庄福徳村《あじきのしょうふくとくむら》（愛知県名古屋市北区福徳町）の安食氏は先述の「葦敷《あじき》」氏の後裔一族で、尾張源氏・山田氏の類族であり、古くから今川那古野家に仕えていた。

安食氏は今川那古野氏への服属も早かったことから重臣格を担っており、那古野領を狙う織田弥九郎などの押領人から春日井郡の防衛に当たっていたと考えられる。

戸部新左衛門　愛知郡笠寺村（愛知県名古屋市港区・南区南部笠寺）の戸部氏は田中氏が「戸部」に改めたことに起因しており、氏豊期の主力家臣である。田中新左衛門はのちに今川義元に処断されるが、四人の遺児が居り、それぞれ全国に散り戸部氏の系譜を残している。

長男の戸部新十郎は岡山戸部家を起こし、中国地方に戸部氏の系譜を残したようである。そして次男・武直はのち最上家に仕えたが、関ヶ原の戦いでは子息・忠直と共に石田正継の下に馳せ参じるたようである。

しかし、武直《たけなお》は討ち取られ、残された子息・忠直《ただなお》も捕縛されてしまった。忠直《ただなお》は再び最上義光に再度召し抱えられ、大坂の陣では真田の陣に加わった。これに敗退すると忠直は出羽国雄勝郡《おがちぐん》に幽居させられたとしている。

三男の垂津丸は石川戸部家を興《おこ》し、四男の戸部多福丸は岐阜戸部家を残している。

一族としては二男の系譜である「戸部一閑斎《いっかんさい》正直」が『奥羽永慶軍記』の作者として著名である。

田中（戸部）
五郎丹後守 義政 ―― 新左衛門 政直 笠寺城主
- 元明 新十郎（岡山戸部家）
- 武直 長九郎（秋田戸部家）―― 忠直
- 知貞 垂津丸（石川戸部家）
- 多福丸（岐阜戸部家）

中野又兵衛　愛知郡中野高畠村（愛知県名古屋市中川区高畑）の中野氏は又兵衛《またべえ》重吉《じゅうきち》が有名で、後年織田信秀配下で「小豆坂の七本鑓」として活躍している。

中野氏は氏豊息女を妻室に貰い受けていることから、重要な位置付けの家である。遠祖は河内源氏五代当主・源為義の十男、新宮十郎《しんぐうじゅうろう》（源行家）の末裔としている。

又兵衛重吉は大永七年（一五二七）生まれと若く、氏豊の娘・秋月院桂秀を貰い受けているから将来を有望視されていたのだろう。

氏豊の息男・氏明には寶林寺（愛知県名古屋市中区新栄）の開基である息女・妙永尼が存在していたので今川那古野氏直系の系譜は続いているが、今川氏豊の後裔といえば一般的には中野氏やその庶流である勝浦氏（後年、今川氏を名乗った者も存在する。）のことを指す。

那古野高重　愛知郡古井村（愛知県名古屋市千種区古井）の那古野氏は今川那古野氏の庶流と目される。家祖に名越高範（今川名越三郎）がいる事から、今川那古野氏とは共通の同祖を持っている事が認められる。在京する宗家に代わって代官職として実質的に那古野の統治をしてきたと推定される。

『信長公記』に登場する那古野弥五郎などが有名で、新五郎が竹王丸を養嗣子に迎え入れた際に庶流へ追い込められたと考えられる。那古野一族の中では弥五郎の弟敦順《あつより》並びに、その子息名古屋山三郎《なごやさんざぶろう》が有名である。

城戸内蔵助　古井村には城戸氏が存在し、愛知郡廣井村（愛知県名古屋市中村区・西区広井）の古橋氏などが今川那古野家の家臣団にあったが、廣井（広井）村は柳之丸が織田信秀に墜とされた際に大きな被害を受けており、史料の残存被害が特に大きい。

大秋十郎左衛門　愛知郡大秋村（愛知県名古屋市中村区大秋）の大秋氏などは元来「大脇」という一族で、氏豊に対する忠誠心は高く、永禄四年（一五六一）まで今川那古野家の再興を思い描いていたようだ。

山田郡の山田氏と道家氏については割愛するが、二次史料の『牧氏家譜』曰く、牧氏が入っていた川村城（愛知県名古屋市守山区川東山）周辺は、遠江の浜松をかけた戦いに決着がついた永正十一年（一五一四）頃には既に今川氏の手に墜ちていたようである。

守山殿の影響下にあった松平信定に「守山城」が宛がわれるなど当時の守山周辺の今川圏域は拡大していたが、その所領の領有権は意外と曖昧であったようで、小幡（愛知県名古屋市守山区小幡）や川村などは依然として岩倉織田家の範疇であったようだ。

牧氏が守山に所領を構えていた背景には小幡城の岡田氏との婚姻関係に起因しており、岡田氏は応仁期に斯波義廉方についた山田氏庶流を出自に持っていた。

当主の岡田重賢の弟・伊勢守時常は津田武永（衛）の娘婿であるから、その血脈を受け継ぐ子孫が後年小林城（愛知県名古屋市中区）や小幡城・川村城（愛知県名古屋市守山区）を相続している。

守山地帯の所領の曖昧さ加減は『宗長手記』などにもその一端が見受けられ、斯波氏（義達の娘）と今川那古野氏（氏豊）が婚姻関係で結ばれたことで、両氏と関連する諸一族の所在や帰属先が曖昧となっていたのかも知れない。

愛知郡外の今川氏家臣

彼らの他に今川那古野氏の家臣団であったかは不明であるが、尾張今川氏（尾張守護今川直忠の系譜）との関連が示唆される人物も数人挙げておきたい。

尾張今川家　現在の愛知県江南市一帯には了俊系統である今川尾崎氏後裔や今川讃州（直忠）の後裔である吉祥庵主・今川仲頼《いまがわなかより》の系統が住んでいた。

これに関連してか同国丹羽郡から中嶋郡にかけた西部地方一帯には今川氏関連一族の痕跡が幾つか残っている。

大谷志摩守　室町幕府の政所執事代であった二階堂行通の子息・行信は尾張国丹羽郡大谷（大屋敷村）を拝領し、大谷志摩守を名乗り尾張今川家に仕えた。

後裔の大谷吉秀《おおやよしひで》は尾張守護・斯波氏の影響下にありながら、正室に今川氏親の娘を迎えていたとも伝わり、子息・元秀は今川一門・関口氏純の娘を正室に迎えるなどその結びつきは興味深い。尾張国内で斯波氏に強い影響を受けながら、今川氏親の娘（義元の妹）を室に迎えていたとされる人物は、この他に田中（戸部）新左衛門の存在が挙げられる。

彼らの室は良質な史料からは確認することが難しく、今川氏親の娘とは認め辛いが、同国で一躍覇権を握った今川氏豊（今川那古野氏）の近親子女を妻に迎えていたという可能性は充分に見込めるであろう。

武田彦五郎　この他に、今川仲秋が尾張守護職を補されていた南北朝時代の被官に武田五郎という人物が存在していた。この奉公衆武田氏は四番衆に属し、その後裔は尾張国中島郡坂《さか》田村《たむら》、同郡大塚村《おおつかむら》・高島村《たかしまむら》（愛知県稲沢市）に知行を受けていた。

後年、この地域に面した愛知県愛西市〜稲沢市に跨る勝幡地区で織田弾正忠家が栄えており、武田氏は天文八年（一五三九）に尾張から痕跡が消失している。

『為和集《ためかずしゅう》』によると、同国中嶋郡の武田彦五郎は武田信喬の子息であることが明らかで、天文八年十月に海上で難波し、溺死した事を受けて冷泉為和が彦五郎の祖父・道灌並びに父・信喬に追悼歌を贈っていることが認められる。海難上の溺死であるから事故性が高いが、クラゲなどの習性を利用した暗殺なども視野に入る。

丸島和洋氏は『武田氏家臣団人名辞典』で天文七年の織田弾正忠家による那古野城奪取との関連を示唆している。

暗殺でないとすれば、弾正忠家に領地を取り上げられ甲斐国へ避難中に不慮の事故にあったなどの事情は想定される状況であｒう。

葛山右近　丸島氏は同辞典で葛山右近（信貞）に関しても「那古屋今川氏に仕えたことを示唆する。」と触れている。尾張国笠寺に入った葛山氏は山口教継や戸部（田中）豊政らと足跡が類似していることからも、その関連の強さを窺わせる。

しかし、この葛山某は系図等にも人物名が錯綜しており、その実態を掴むことは困難を極めている。葛山氏は駿河国の前島氏との関連も見込まれ、前島義泰らと共に尾張国に来ていた可能性も挙げられるが、これはあくまで状況的推移である。

没落以前に愛知郡内に絶大な力を誇っていた今川那古野家は復興後も基本的には愛知郡を中心に拠点として居たが、先の「船田合戦」の前後時期に、同国愛知郡日置村（愛知県名古屋市中区松原）の織田藤左衛門尉家が急速に今川家の所領付近に城郭を構えている。

今川那古野家復興後、今川氏豊は勢力拡大というよりは地域の安定化を求めたのか、西部地域は勝幡（愛知県愛西市勝幡町）の織田弾正忠家と好を通じ、東部地域は守山殿を介して桜井松平氏と好を通じていたようだ。

桜井松平家の松平信定は「守山殿」の旧領・尾張守山領を与えられており、織田筑前守・織田伊賀守・小守護代の坂井摂津守らが祝に訪れていることから、この守山知行に関しては武力衝突による獲得などではなく、斯波武衛家と今川那古野家の双方から守山殿の旧領相続を認められたと言っても問題ないであろう。

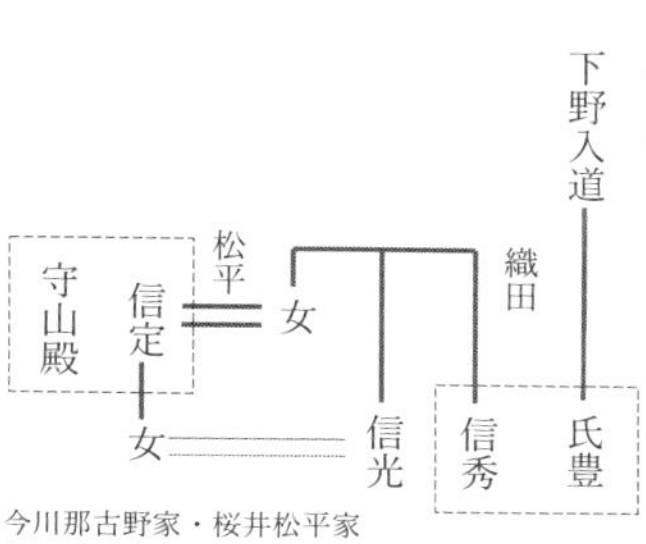

今川那古野家・桜井松平家
織田弾正忠家　関係図

松平信定の守山新知行には熱田の道家氏も祝賀に加わっていたようである。今川那古野家のこれらの外交活動が実を結んでか、『名古屋合戦記』が伝えている様に「尾張の東西隔てなく、」氏豊の名声は国内外に轟いていたのであろう。

しかし、今川氏豊はこの尾張・三河を股にかけた東西地域交友が大きな危険性を孕んでいたことに気付かなかった。

今川那古野家　家臣団一覧
（年代・順不同）

今川那古野家
- 下野守（下野入道）
- 国氏（兵部大輔）（大夫判官）
- 竹王丸（なこや殿）
- 氏豊（左馬助）
- 氏明（太郎）
- 秋月院（桂秀）

那古野家
- 高信（蔵人）
- 重義（弥五郎）
- 敦順（因幡守）

山田家
- 信益（兵庫助）
- 重定
- 重益（三左衛門）
- 盛重（藤蔵）

安食家
- 重基（次郎左衛門）

坂井家
- 某

前島家
- 義泰（左近四郎）

道家家
- 守山殿

山口家
- 左馬助
- 教継（左馬助）

愛智家
- 民部

成田家
- 平八

斎藤家
- 安元（加賀入道）
- 勝秀（加賀守）

庵原家
- 安房守

柴田家
- 家親（七蔵）

中野家
- 重次（又右衛門）
- 重吉（又兵衛）

大秋家
- 義重郎（十郎左衛門）

大屋家
- 秋重（右京進）

城戸家
- 内蔵助

古橋家
- 重次（七郎左衛門）

中村家
- 元利（弥右衛門）
- 元勝（対馬守）

薬師寺家
- 道元（刑部大輔）

戸部家
- 新之亟（政直）

田中家
- 新左衛門（義政）

弾正忠家との交流

天文二年（一五三三）一月、田中新左衛門は中御門家に積極的に出入りをしており、中御門縁族の四条父子らと交流を重ねている。一方、織田家でも新たな動きが生まれていた。天文二年（一五三三）四月一日、清州の織田大和守家の使者として織田《おだ》兵部丞《ひょうぶのじょう》なる人物が上洛していた。兵部丞は弾正忠家の信秀から、「飛鳥井雅綱《あすかいまさつな》卿に尾張国に下向してもらい蹴鞠の指導をしてくれるよう。」と交渉するために上洛を果たしていたようだ。

飛鳥井雅綱は織田兵部丞からの依頼を承諾し、山科言継《やましなときつぐ》と共に尾張国の織田信秀のもとに下向することを決めた。七月二日には家人である蔵人とを引き連れ京都から尾張国への旅路についた。同月八日、伊勢などを経由し、尾張津島に入った。

飛鳥井・山科卿両名は織田信秀と落ち合うため、速水兵部丞を遣いに出した。しばらくすると織田大膳の遣いが津島に訪れ、馬に乗って勝幡城へ向かったのである。

この際、信秀は馬に乗らず徒歩で館迄向かうなど、謙《へりくだ》った対応をしているから接待が得意であったか、もともと教養の高い人物であったのかも知れない。

館に訪れた両名は夜になって冷麺《れいめん》と吸い物をツマミに酒を喉に入れた。この時、飛鳥井雅綱が信秀に対し馬太刀を贈っている。合わせて勝幡城内に新造した場所を見物すると、山科言継は「驚目《きょうもく》」したというから、よっぽど立派な造りであったのだろう。

こうして勝幡織田家の人達は飛鳥井雅綱らの食事中に挨拶しに訪れては雑談を暫く交わすなどして、蹴鞠の修練以外にも上流貴族の風流《ふうりゅう》・仕草《しぐさ》を始め京都の価値観や考え方などを吸収していた。

十日には、美濃国の成田氏が訪れ、十一日には守護代・織田大和守が来て蹴鞠を教わるなど勝幡では普段では中々見ることの出来ない面々が勝幡に集い始めた。十四日には浄土宗の僧侶らの施餓鬼を信秀が行うというので、三人もこれに続いて焼香をしたという。

十五日には滝川勝景が飛鳥井雅綱の門弟に入っている。この日は月見をして、信秀も従って酒を飲み交わした。十六日は、花井又次郎元信《はないまたじろうもとのぶ》と矢野石見守寛倫が雅綱の門弟に入った。十七日は散歩をしていたらたまたま織田右近に会ったのだという。その後、織田右近が訪ねてきて酒を酌み交わした。先の滝川氏、花井氏なども加えて蹴鞠の修練に励んだ。

こうして数日に渡って勝幡には織田氏庶流ばかりに限らず美濃土岐氏の被官・長井景弘《ながいかげひろ》の与

力である成田《なりた》左京亮《さきょうのすけ》や斯波武衛家の被官・矢野《やの》石見守《いわみのかみ》寛倫《ひろみち》など、勝幡近隣の人々が京都から下向した飛鳥井雅綱と山科言継目当てに訪れるなど、中々厳かな空気であった。

数日経過した二十三日のこと、斎藤加賀守などの今川方の人物の名が散見し、那古野城主・今川左馬助の子息・竹王丸も訪れていた。

この日は世代の若い、今川竹王丸と織田《おだ》達種《みちたね》（右近の子）と平手《ひらて》勝秀《かつひで》（政秀の子）が門弟に入っており、来客（十二歳の竹王丸）に合わせて、同世代の子供達に予め声をかけていたのだろう。斎藤加賀守などはこの後の和歌会にも参加している。

翌々二十五日には竹王丸を始め今川・織田・平手らの三人の子供たちが訪れると、武衛家被官の矢野氏の子どもも門弟になると言い出した。

この日は京都から下向した飛鳥井雅綱、山科言継、蔵人、速水兵部丞の四人に、今川竹王丸と織田信秀に織田右近父子、花井又次郎や矢野石見守らで談笑を交わすなど、その規模は次第に大きくなっていた。

今川竹王丸に関しては信秀の館に宿泊するなど相当親密な関係にあったようで、信秀の弟・虎千代（後の信光）と仲が良かったようだ。

二十七日も、竹王丸は訪れ、花井又次郎らも交えて蹴鞠の修練を積んでいる。この日平手中務丞政秀が庭を作ったという。また、林秀貞も門弟に加わった。雅綱・言継・蔵人らの三人は信秀と竹王丸のもとに別れの挨拶に訪れていた。

信秀と竹王丸と虎千代は宿所まで同道し雑談を交わし、雅綱たちは夕方には清州へと旅立った。清須に入ると、坂井摂津守や織田丹波守・毛利十郎などの姿も散見し、やはり門弟に入っている。勝幡では竹王丸の警固に一切関与していなかった、那古野又七教久の姿もあらわれる。

教久は竹王丸の那古野家相続で城地を取り上げられた弥五郎の縁者だと考えられ、まるで竹王丸と入れ替わるかのように清州に姿を現し、雅綱の門弟に入っている。

八月七日になると織田信秀が小田井の藤左衛門家を訪れ、伯父に会っている。今川家を離反した那古野家はこの織田弾正忠家と婚姻関係にあるようで、弾正忠家と藤左衛門家は地域的に密接関係にあり、それぞれ近しい縁族という立場にあった。

この関係性が「那古野合戦」を誘起したとも考えられる。

『言継卿記』　弾正忠（勝幡）家と招かれた各家

公家（師範）
飛鳥井雅綱
山科言継
蔵人（飛鳥井家司）
速水兵部丞（親忠）

弾正忠家（主催家）
織田三郎（信秀）
平手中務丞（政秀）
林新五郎（秀貞）
織田虎千代（信光）
平手助次郎（勝秀）

藤左衛門尉家
織田丹波守（寛故）
織田竹満丸（寛維）

今川那古野家
今川竹王丸（氏豊゠氏明）
斎藤加賀守（勝秀）
※花井又次郎（元信）
那古野又七（教久）

土岐家（長井景弘与力）
成田左京介

※花井又次郎は今川家に帯同しているが武衛家の家人

斯波武衛家
斯波義敦（義達）
※矢野石見守（寛倫）

※矢野勝倫
※矢野氏は斯波家直臣だが信秀の与力

織田一門
織田右近尉（達順）
織田与三郎（達種）

伴九郎兵衛尉（兼久）
瀧川彦九郎（勝景）

・伴（塙）氏と滝川氏は天文二年時点で弾正忠家に招かれている。

山科言継門弟
織田大膳亮（定信）
織田右衛門尉（達順）
伴九郎兵衛尉（兼久）
今川竹王丸（氏豊゠氏明）
織田与三郎（達種）
矢野石見守（寛倫）
林新五郎（秀貞）
那古野又七（教久）

飛鳥井雅綱門弟
瀧川彦九郎（勝景）
花井又次郎（元信）

※若年者
織田竹満丸（寛維）
今川竹王丸（氏豊゠氏明）
織田虎千代（信光）
平手助次郎（勝秀）

※今川竹王丸の交友者（友人）
・竹満丸はのちに那古野取りに従った。
・虎千代はのちに那古野城主へ。
・助次郎は五郎右衛門と同一か。彼が原因で平手政秀が腹を切ったとも。

那古野合戦

『名古屋合戦記《なごやかっせんき》』と『明良洪範《めいりょうこうはん》』はほぼ同じ話を記録しており、ここでは『名古屋合戦記』を引用したい。先の山科言継卿が日記に記していた通り、若き頃の織田三郎信秀は今川氏豊の子・竹王丸とは相当気が合うのか弾正忠家に宿泊させるなど親密な間柄であった。竹王丸は信秀の弟・虎千代や平手政秀の息子と年齢差が少なく特に仲が良かった。

山科言継らの門弟に入り、共に蹴鞠や和歌に励んだという特別な絆なども強い結びつきであったのであろう。那古野城主・氏豊は竹王丸を勝幡に宿泊させることを許しており、相当深い関係値があったようだ。

この関係性は三郎信秀と今川氏豊の仲にも顕著であり、今川竹王丸こそが「氏豊」と呼ばれるその人かも知れない。（那古野新五郎が駿河宗家の血脈である竹王丸を養嗣子に迎えていたと仮定する。）左馬助氏豊と信秀は上の句・下の句に分けた連歌を清須と那古野間で送り合う仲であった。

ある日のこと、この句を包んだ扇箱《おうぎばこ》を運んでいた使者が小田井川《おたいがわ》（庄内川）を渡る際に川の氾濫《はんらん》に遭遇《そうぐう》し、連歌が収められた扇箱は流されてしまったという。

幸い使者に命の別状はなかったが、連歌の意図せぬ紛失に落胆した左馬助氏豊は信秀に対し、ある提案をした。清須と那古野の間の道程《みちのり》が離れているから、このような事が起きてしまったので「願《ねが》わくば、十日ばかり那古野に留まって連歌を詠み合おう」と提案した。

弾正忠信秀は止まらぬ笑いを何とか抑え込み、那古野を訪れると柳之丸（那古野）城中に一間を預かり、十日余りも留まって連歌に茶湯《ちゃとう》を楽しんだという。

左馬助氏豊なる人物は上級貴族《じょうきゅうきぞく》の風習を好む、如何《いか》にも今川家の人物のようである。享禄五年（一五三二）の春、信秀はいつもの如く那古野に来ては、数日城中に留まった。

そして城内に一間設けて貰った弾正忠館に数日滞在すると、信秀は無断で窓を作ったので今川那古野家の人々も流石に怪しんだという。

信秀に与えた城内の館は本来客人をもてなす際に一時的に留める場で、家臣団は主人に無断で矢狭間を作るのはおかしいと提言したが、氏豊は「信秀に限ってそのような別心を抱くような人ではない。風流の御仁《ごじん》なので大木《たいぼく》に覆《おお》われる柳之丸（那古野城）に鬱屈《うっくつ》して、夏の風の便《たよ》りを楽しむために窓を作ったのであろう。」と信秀の不自然な行動に対して不安を見せる今川家臣団を説得した。

そんなある日の事、信秀は突然柳之丸の城中で大病を患《わずら》い、身動きが取れなくなったので、弾正忠家の家人を呼ぶ許可を特別に得た。織田弾正忠家の当主の危篤《きとく》にあって家人《けにん》が柳之丸城中を走り駆け清須にこれを報告し、勝幡に事情を告げた。

三月十一日のこと、弾正忠家の親族・家人などが多く訪れその夜の那古野は織田家の人々でひしめいていたという。そして、柳之丸城下の今市場《いまいちば》に火の手が挙がり、城下の火災《かさい》に柳之丸内は大騒ぎとなった。

この日は南風が激しく、若宮の天王坊を始め天永寺や安養寺など次々に火の手が挙がったという。この火の手は柳之丸（那古野城）の東南にまで及び、織田弾正忠家と織田藤左衛門家の勢力が甲冑を着込み、時の聲を挙げて柳之丸の本丸になだれ込んだ。

今川那古野家の人々は火事だと思っていたので兵具に身を包んだ人々の姿はなく、中村又蔵元勝や山田《やまだ》摂津守《せっつのかみ》重益《しげます》が「広井」や「竹島」で消火活動にあたっていた。

今川那古野家の人々で武装していた人は一人も居なく、織田弾正忠と織田丹波守の勢力が襲い掛かると、元勝と重益は応戦したが、兵装の差もあり、成す術なく敗れてしまった。

左馬助氏豊は柳之丸の城内に身を潜めていたが、信秀方に見つかってしまい、今川那古野家の重臣・薬師寺刑部の願いで命ばかりは助けられた。氏豊は女方の縁を頼って京都へ上がったという。

これにより織田弾正忠家は勝幡から那古野に進出し大いに躍進し、今川家が尾張国を我が物顔で往来することを口惜しく思っていた人々の支持を得たという。

織田信秀による氏豊の居城・柳之丸奪取は尾張国では「那古野合戦」と呼ばれており、これが「名古屋合戦記」という題名の由来となっている。

那古野の陥落に関しては『明良洪範』などもほぼ同等の出来事を伝えている事から、両史料の史料的価値は比較的低いモノの、凡そ、このような陥落経緯があったのではないだろうかと認識されている。この当時の那古野関係史料は極端に少なく、史料との整合性を計ることは極端に難しいことであるが、今川那古野家や家臣団の諸伝から、その実態をある程度までは復元することができる。

従来、信秀の柳之丸（那古野城）取りに関しては、「主家《しゅけ》たる斯波武衛家（斯波義達）は駿河今川家との一戦に敗れたことで武威が失墜し、大和守家《やまとのかみけ》の傀儡《かいらい》にならざるを得ず、尾張国においては守護・守護代の指揮系統に乱れが生じていた。そのような最中《さなか》にあって陪臣にあたる弾正忠家が躍進し、野心に駆られ弾正忠家の信秀が柳之丸取りを独断で成し遂げ、主家を脅かす存在として台頭した。」と考えられてきた。

その成り行きは所謂「下剋上《げこくじょう》」を指し示す典型例とされてきた。該当史料である『名古屋合戦記』の記述のみを信じれば、そのように書いてあるのだから、その解釈は必ずしも誤りであるとは言いきれない。

しかし、信秀の独断と思われていた柳之丸取りは斯波義統《しばよしむね》と今川氏の政治的立場の変化によって引き起こされた見込みがあり、柳之丸の普請《ふしん》・改修《かいしゅう》を綴った「性海寺文書《しょうかいじもんじょ》」が織田達勝によって発給されていることからもその蓋然性が高い。

織田信秀の柳之丸攻略（名古屋合戦）は従来史料の記述によればその大半が享禄五年・天文元年（一五三二）と記されている。

この「名古屋合戦」享禄五年説は現在、様々な角度から否定されており、筆者も大きな疑問を呈している。弾正忠信秀は那古野天王坊《てんのうぼう》（那古野神社）の民部卿《みんぶきょう》に対して兵火跡《へいかあと》である田畠《たばた》の所領安堵を約束している。柳之丸（那古野城）のすぐ傍に位置する寺社領の一角として那古野天王坊は兵火で焼け落ちているから、防跡とは兵火跡地のことであろう。

これらは天文八年に同社の再建をしたという伝承と符号する事から、天文七年に信秀が今川那古野家の領地と兵火跡地を民部卿に安堵したという記述になる。

信秀判物を裏付けるように『塩尻《しおじり》』は権大僧都《ごんだいそうず》・尭瑜《ぎょうゆ》が天文八年に記した「安養寺弥勒院《あんようじみろくいん》再興縁起《さいこうえんぎ》」の奥書《おくしょ》を引用して、ある事実を伝えている。

縁起曰く、若宮や天王坊を始め十四坊が悉《ことごと》く焼き落ちており、天文七年には再興され、翌八年八月には新たな仏像を安置して供養が済んでいる。

諸書が示す通り柳之丸の陥落が享禄五年／天文元年のことであるならば、織田信秀及び大和守家関係者は柳之丸及び城下跡地を再建するまでに七年間放置していたことになる。

横山住雄氏はこれらの時系列に疑問を呈し、昭和四十四年（一九六九）に「那古野合戦」の年次比定を天文四年以降とする説を先駆的に提唱された。

平成元年（一九八九）には、新井喜久夫氏がこの疑問について別角度から改めて考証し発表された。これらの先行研究を基礎として、現在「那古野合戦」が起きた年次は民部卿への所領安堵がなされた天文八年の前年である天文七年（一五三八）であったという説が主流となった。合わせて、天文七年十月には尾張守護代・織田達勝が性海寺に諸役免除《しょやくめんじょ》を発した記録が残り、関連が見込まれる。

天文七年（一五三八）当時、那古野領には「夫丸《ぶまる》」＝築城人夫役《ちくじょうにんぷやく》が賦課《ふか》されており、柳之丸を改修して新たに那古野城を普請する際に記された。（『性海寺文書』）

この文書の存在から、守護代・織田達勝が布告している事が明らかになり、織田弾正忠信秀と織田丹波守による柳之丸奪取は守護・斯波義統の認可のもと織田達勝から下命されていた事が想定される。

『信長公記』首巻に「在時備後守、国中那古野へこさせられ、丈夫に御要害仰付けられ」とあるのはこの時のことであろう。

また、関連して今川那古野家の家臣団の多数がその後、織田弾正忠家へ仕えている事を顧慮すると、従来想定されていた信秀による突発的な乗っ取り劇ではなく、守護・斯波義統の許認のもと綿密に策が練られていた可能性も想起される。

『那古野合戦』と中央情勢

先に遠江国で繰り広げられた「永正《えいしょう》の乱」は足利将軍家の「明応《めいおう》の政変《せいへん》」に端を発してお

り、足利義材《よしき》（義尹・義稙）派と足利義高《よしたか》（義遐・義澄）派の争いに諸地域の問題が重なり合戦にまで発展した。その中の一つが斯波氏と今川氏の間に起きた戦いである。

「永正の乱」では最終的に足利義稙派であった今川氏に軍配が上がり、斯波氏の地位は失墜した。足利義稙と今川氏親の交流は永正十七年始め（一五二〇）まで確実に続いていたが、少し陰りを見せていた。かつては政変で義稙と義澄の二人の将軍が並立したことで、両陣営は各国諸大名を自陣営に引き込む必要性があった。

これが中央政局と各地紛争が連動した要因であったが、義稙側が義澄陣営を没落させたことで諸大名への連携・関心が薄れたのである。更に義澄が病没したことで、義稙側からは京都から遠方にある駿河領主に使者を送るという手筈は省略された。

永正十八年／大永元年（一五二一）、義澄の子息・足利義晴が新将軍に擁立されたが、幕府は今川氏に対して働きかけを行っておらず、あまり重要視されなかった節が見受けられる。

一方、子息に恵まれなかった足利義稙は義澄の次子・義維《よしつな》（義晴の異母弟）を養子に迎えた。これに関連して威を失墜していた斯波氏に転機が訪れることとなる。

足利義維という人物は室町幕府第十一代将軍・足利義澄《よしずみ》の二男であり、生母は『二水記』によれば「武衛腹《ぶえいばら》」とあり、斯波義寛の娘とも伝わっている。

義維生母はフロイス『日本史』によると「全国の君たる公方（足利義維）の従兄弟《いとこ》（斯波義銀）」と紹介され、斯波義統の伯母か姉妹にあたる人物であるようだ。

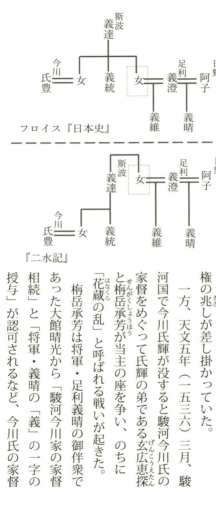

斯波武衛家は先の今川氏親の戦いで大敗を喫し、失墜していた。しかし、義統の伯母（あるいは姉）が足利義稙の後嗣となる義維を生み、義統の妹が今川氏豊（新五郎か）と婚姻したことで起死回生《きしかいせい》、尾張守護としての復権の兆《きざ》しが差し掛かっていた。

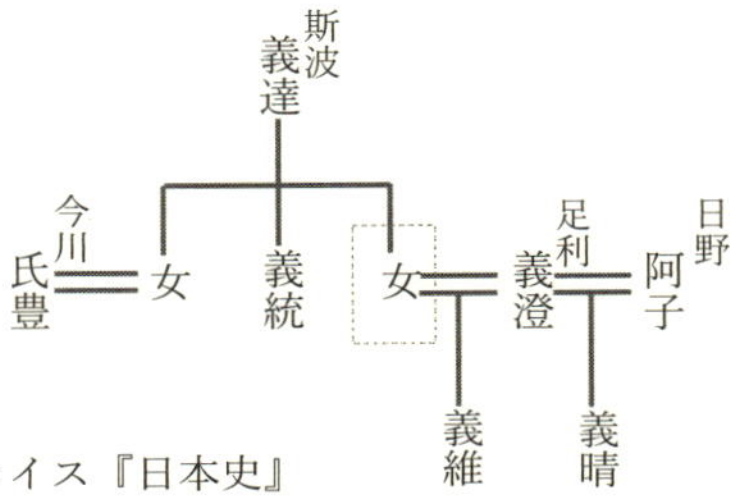

フロイス『日本史』

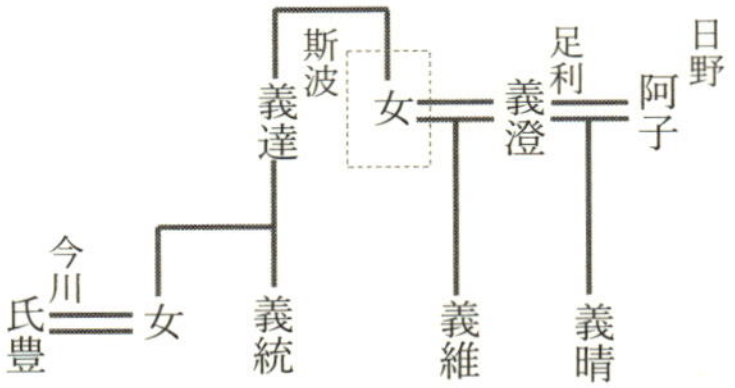

『二水記』

一方、天文五年（一五三六）三月、駿河国で今川氏輝が没すると駿河今川氏の家督をめぐって氏輝の弟である玄広恵探《げんこうえたん》と梅岳承芳《せんがくしょうほう》が当主の座を争い、のちに「花蔵《はなくら》の乱」と呼ばれる戦いが起きた。

梅岳承芳は将軍・足利義晴の御伴衆であった大館晴光から「駿河今川家の家督相続」と「将軍・義晴の「義」の一字の授与」が認可されるなど、今川氏の家督騒動に京都情勢と結び付け、以後「今川義元」と名乗るなど外交への注力が際立った。

この内訌における義元の働きは目覚ましく、将軍・義晴の権威を持って家督継承を優位に立った義元の外交的勝利とも言える成果であった。

氏豊（竹王丸）はこの内訌には関与していないことから、今川氏親の子であるかは疑わしいとされており、子細は定かではない。だが、氏親に近しい存在ではあったことは間違いがなく、家督継承に関与してなくとも、今後、那古野今川家が今川惣領家と連携姿勢を歩むのか、婚姻で繋がる斯波氏と協調関係をどのようにするのかは必ず起きていた問題である。

例えば奉公衆として活躍していた先代・名越殿（国氏）の時代であれば今川那古野家の主君は将軍家であるから、あくまで幕府に帰属しているが、氏親の権威で斯波氏を抑えた氏豊の時代では少々状況が異なっている。

後に駿河今川家のもとに「今川那古屋殿」が存在していることを考慮すれば、少なくとも今川義元と対立していたとは考え辛く、義元の弟と外聞的に思われるくらいの関係性ではあったのであろう。

「花蔵の乱」の状況を踏まえ、状況を尾張国へ戻すと、天文六年までに尾張守護へと帰り咲いた斯波義統であるが、良好な関係を築いていた妹婿の今川氏豊は駿河の義元と共同歩調の意志があったと考えられる。これは即ち、左馬助氏豊が足利義維派から足利義晴派に転じたことを意味し、斯波武衛家の威を今にも復権せんとする義統の立場では脅威と成り得た。

このような状況下で織田達勝が柳之丸取りの策を立案し、実行人物として那古野家並びに竹王丸らと良好な関係を築いていた織田信秀に白羽の矢を立てた。

この「名古屋合戦」と呼ばれる柳之丸をかけた戦いは信秀による計略が注視され、戦闘の規模は語られることが少ない。

しかし、城下の各寺社が焼失していることや、勝幡の織田信秀麾下の兵士以外にも日置城の織田丹波守の軍勢が参加していることを踏まえると意外にも規模が大きかったことが伝わってくる。

「織田丹波守」とは『言継卿記』に「三郎爲に者伯父、」とあるから信秀の伯父であり、信秀生母・いぬゐの兄弟に見做される織田寛故のことである。

そして「那古野合戦」で信秀と共に今川那古野家と戦った織田丹波守とは『織田家系譜』にある寛故の子息・寛維のことであろう。

寛維は『言継卿記』に今川竹王丸の近い年齢の者として登場する織田丹波守の子息「竹満丸」に目され、「丹波守」の官途受領名を受け継いでいたと推量される。

連歌師宗牧の『東国紀行』によると、彼もまた連歌に精通する人物で、左馬助氏豊の良き友人であったと考えられる。

『尾陽侯記』

今川氏豊、左馬助と稱す。氏親の季子なり。清須の斯波義統が妹婿と爲り、那古野城に居る。天文元年、勝幡の城主織田信秀謀略を以て城を奪ひて入城す。氏豊安楽寺（竹越郡の南隣、山澁氏邸の地にありき。）入つて和を乞ふ。それより京師に上り、父子共に伯母聟たる中御門宣胤の家に客たり。後其終る所を知らず。

天文年間に織田信秀の手によって柳之丸が陥落すると、左馬助氏豊は尾張国中嶋郡の安楽《あんらく》寺《じ》へ入り和を乞《こ》うたという。『名古屋合戦記』では左馬助氏豊が織田信秀の計略に気付かず、油断を招いたために、信秀の兵によって柳之丸周辺が大火に包まれ、これを火事と認識していた。今川家の人々は、織田軍による謀略とは気づいて居らず軽装であったので、あっという間に織田軍に討ち取られたと伝えており、『名古屋合戦記』では、激戦であったことは伝わってこない。だが、中村家や山田家が伝える諸伝には熾烈を極めていたことが窺がえる。

織田信秀は柳之丸に身を潜めていた氏豊を見つけて処断に迷っていた。薬師寺刑部大輔の願いもあって命は取らなかったというが、氏豊が中嶋郡の安楽寺に移っていることから、守護・斯波義統に処断を委ねていたと考えられる。

那古野家に妹が嫁いでいたこともあり、義統に多少の恩情も含まれていただろう。その後、氏豊は京都へ上り、中御門宣胤の家に世話になったという。今川氏豊は中御門家から今川氏親に嫁いだ正室・尼御台（寿桂尼）の子であるかは根拠が薄い。

しかし、今川那古野家の田中（戸部）新左衛門が中御門家に積極的に出入りしていることから、何らかの伝手はあったと考えられ、女方（中御門家）を頼って、難を逃れたとする伝承はある程度検討に値する。

こうして今川氏豊は暫くの間、中御門家の食客となり静かに暮らし、弘治三年（一五五七）までには駿河国藤枝に「今川那古屋殿」が存在しているから、義元に招かれて駿河国藤枝に身を寄せたということになる。「藤枝」という地は古くから今川氏とは所縁が深く、今川義元の庶兄・玄広恵探《げんこうえたん》（花倉殿）なども藤枝に所縁を持っている。

織田信秀家臣団

信秀が斯波氏に連なる従来の家臣団とは異なる独自の家臣団を形成《けいせい》した経緯について

は、菊池浩之氏が『織田家臣団の謎』で考証しており、天文七年（一五三八）の「那古野合戦」以前の家臣を、仮に「勝幡譜代」と称し、柳之丸（那古野城）取りから古渡城へ移る天文十五年（一五四六）に至るまでに信秀に従った者を「那古野譜代」と仮称している。

菊池氏は「那古野今川家の旧臣の多くは、信秀の家臣団、もしくは清須織田家の家臣団に転じた。また、信秀・信長父子は、那古野今川家領近郊の国人・土豪の庶子をカネで雇って家臣団を充実化したと推察される。かれらが「那古野譜代」なのである。」との見解を述べた。

本書でも今川那古野家の家臣団を取り込んだ織田信秀家臣団の事を菊池氏の用例を拝借し、織田弾正忠家の「那古野譜代」と呼称したい。

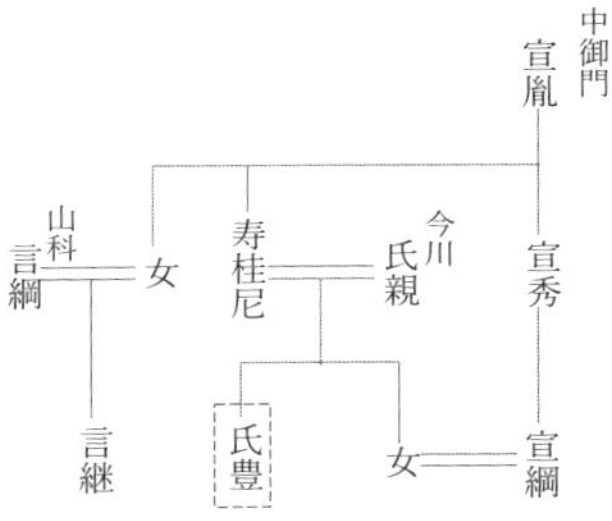

下村信博氏も『新修名古屋市史２』では「家臣の伝承地からみれば、今川那古野氏は、庄内川と天白川に挟まれた愛知郡・春日井郡南部のかなり広範な地域を勢力下においていた」と伝えており、筆者も今川那古野家・家臣団のその版図を実際に地図に起こしてみたが、菊池氏や下村氏の見解とほぼ同じような結論に至った。

従来から伝わる今川那古野家・家臣団とは以下の通りである。

『尾張人物志略』

・今川左馬助氏豊　那古野（柳之丸）城主

・今川太郎氏明　〃

・名古屋蔵人高信　愛知郡古井村　（愛知県名古屋市千種区古井）

・中村彌右衛門元親　愛知郡中村　（愛知県名古屋市中村区）

・大屋右京亮秋重　愛知郡廣井村　（愛知県名古屋市中村区・西区）

・大秋十郎左衛門　愛知郡大秋村　（愛知県名古屋市中村区大秋町）

・柴田七蔵家親　春日井郡田畠村　（愛知県名古屋市西区）

・安食次郎右衛門　春日井郡福徳村　（愛知県名古屋市北区福徳町）

・古橋七郎右衛門重次　愛知郡廣井村　（愛知県名古屋市中村区・西区広井）

・山田兵庫助信益　愛知郡前津村　（愛知県名古屋市中区上前津）

・中野又左衛門重次　愛知郡中野高畠村　（愛知県名古屋市中村区亀島町）

・戸部新左衛門豊政　愛知郡笠寺村　（愛知県名古屋市南区南部・港区笠寺）

・薬師寺行部大輔道元　春日井郡野田村　（愛知県名古屋市中川区・中村区野田）

・城戸内蔵助　愛知郡古井村　（愛知県名古屋市千種区古井）

菊池裕之氏はここから更に一歩踏み込み、今川那古野氏の旧臣であった可能性の高い者を割り出している。（『織田家臣団の謎』角川選書・二〇一八）

・下方左近　春日井郡鍋屋上野村（愛知県名古屋市千種区鍋屋上野町）
・佐々隼人正　春日井郡比良村（愛知県名古屋市西区山田町）
・佐々孫介　春日井郡比良村（愛知県名古屋市西区山田町）
・中野又兵衛　愛知郡中野高畠村（愛知県名古屋市中村区亀島町）
・山口教継　愛知郡鳴海（愛知県名古屋市南区本星崎町・緑区鳴海町）
・那古野弥五郎　愛知郡古渡村（愛知県名古屋市中区古渡町）
・丹羽長秀　春日井郡児玉村（愛知県名古屋市西区児玉）
・佐々成正　春日井郡比良村（愛知県名古屋市西区山田比良）
・塙直政　春日井郡大野木村（愛知県名古屋市西区大野木）
・梁田広正　春日井郡九坪村（愛知県北名古屋市九之坪）
・河尻秀隆　愛知郡岩崎村（愛知県日進市岩崎町）
・丹羽氏勝　愛知郡岩崎村（愛知県日進市岩崎町）

菊池氏が挙げたこれらの一族・人物たちは那古野今川家領の版図内に勢力を誇っていた

ことから古くは同家に仕えており、後に織田信秀の傘下に加わったとする見解である。

中でも菊池氏は「少なくとも下方左近・佐々隼人正・孫介兄弟・中野又兵衛・山口左馬助・那古野弥五郎は今川家の旧臣と思われる」と述べている。

筆者は上記の者達が全て今川那古野家の旧臣であったとまでは断定はしないものの菊池氏の考証は概《おおむ》ね正しいものと考え、その論考を一部踏襲している。

今川那古野家の家臣団は天文七年（一五三八）頃の敗戦を皮切りに織田信秀家臣団へと偏移していることから完全な復元までは難しい。柳之丸の東部に位置する尾張国山田郡上野村（愛知県名古屋市千種区鍋屋上野）には下方貞経という人物が勢力を持っていた。下方氏に関しては『士林泝洄』に詳しい記述が残っている。

下方氏などの諸勢力は斯波今川なども影響を受けるが、どちらに属しているともはっきり言い難い実情があったのではないだろうか。下方氏は柳之丸が陥落した天文七年に織田信秀に従っていることから、今川那古野家家臣団の末席に列していたかははっきりしないものの、「小豆坂の戦い」の折に那古野弥五郎の麾下に下方氏がいることを顧慮すれば今川那古野家の影響下にあったことは明らかである。

筆者の見解として、以下の人物たちは今川那古野家家臣団を構成していた人物達であったことが想定される。

・道家某（守山殿）　山田郡守山　（愛知県名古屋市守山区）
・坂井某　在所不明　（愛知県）
・斎藤加賀守安元　愛知郡熱田　（愛知県名古屋市熱田区）
・斎藤加賀守勝秀　愛知郡熱田　（愛知県名古屋市熱田区）
・庵原安房守　愛知郡那古野村　（愛知県名古屋市中区）
・前島左近四郎義泰　在所不明　（愛知県）
・田中新左衛門　愛知郡笠寺村　（愛知県名古屋市南区南部・港区笠寺）
・愛智民部　愛知郡戸部村　（愛知県名古屋市南区桜元町・西桜町）
・山口愛智　〃　〃
・山口左馬助　愛知郡鳴海　（愛知県名古屋市南区）
・成田平八　愛知郡笠寺村　（愛知県名古屋市南区）
・中川因幡守清政　春日井郡西志賀　（愛知県名古屋市北区）
・山田摂津守重益　愛知郡前津村　（愛知県名古屋市中区上前津）
・津坂源四郎秀長　愛知郡笠寺村　（愛知県名古屋市南区）

今川那古野家・変遷組織図

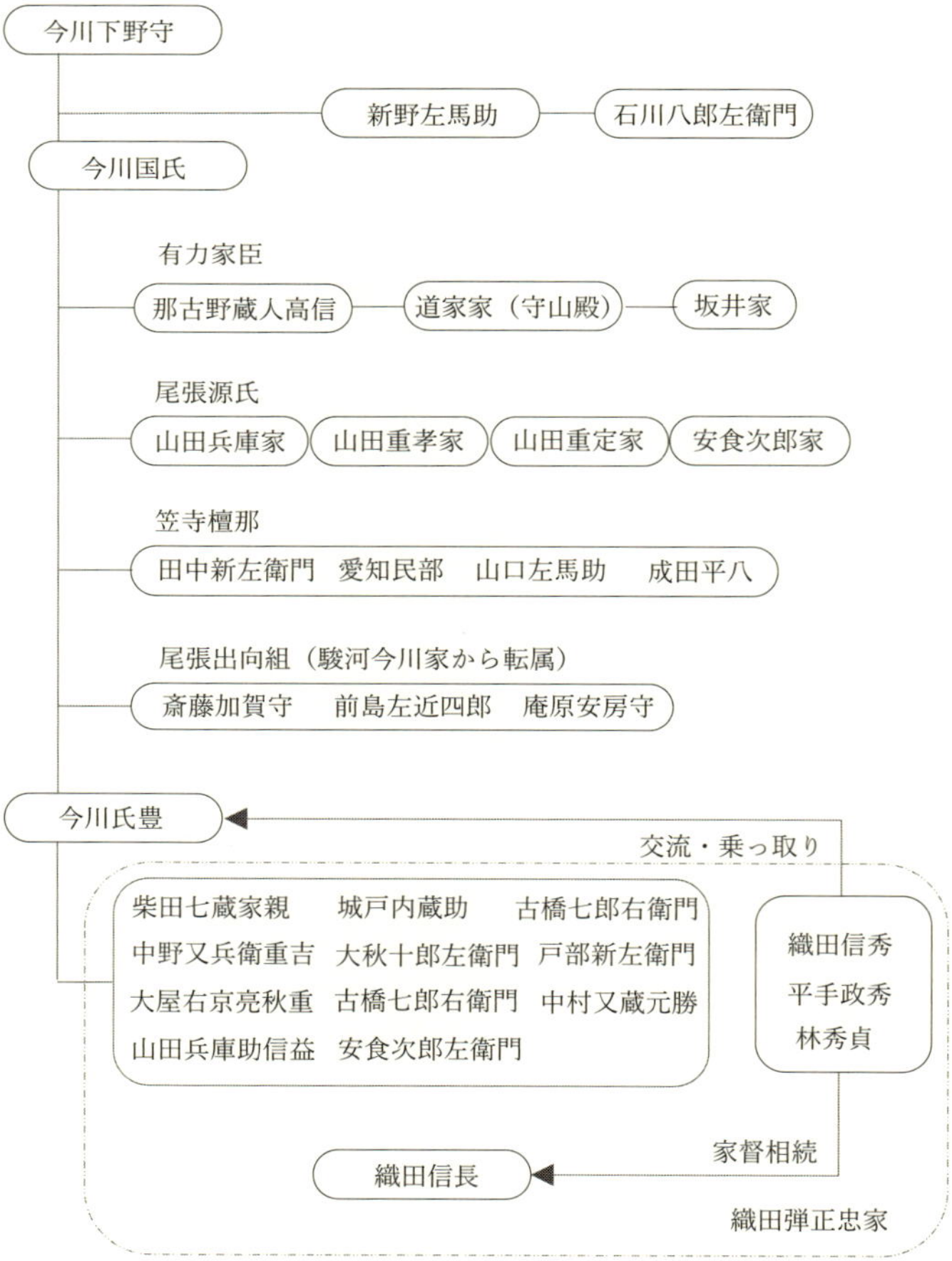

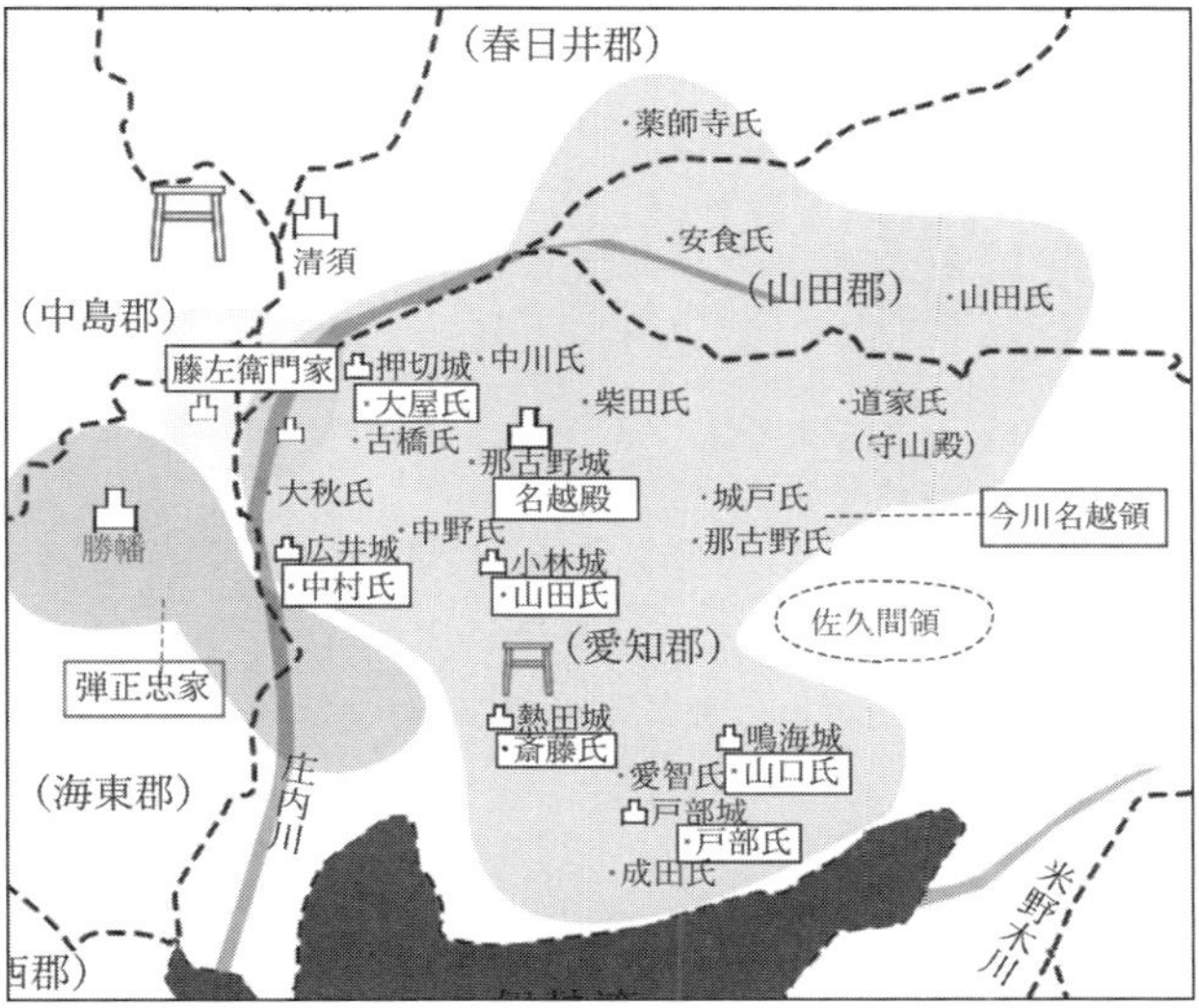

柳之丸の再見《さいけん》は、通説に習えば天文三年（一五三四）に、織田信秀の子・吉法師《きっぽうし》（織田信長）の誕生に関連していると云われ、翌天文四年には信秀が那古野城を吉法師に移譲し古渡城に移ったので、那古野城には幼君・信長が君臨したと言われている。

しかし、天文五年三月廿七日条の木戸孫《きどまご》三郎忠顕《さぶろうただあき》が田中六祢宜忠彦に発行した売却権利の証文に「在所　尾張の国なこ屋一円なこ屋殿」と記述が残っている。

柳之丸の陥落時期はさておき、天文五年（一五三六）には那古野（名越）殿が一円支配を行っているから吉法師がこの時点で那古野城主であったとは考え辛い。

那古野殿の一円支配にあった地域を確認すると、「ろつく（六句）」と「おしきり（押切）」と「ひろい（広井）」が登場し、これは今川那古野家の大屋右京亮と古橋重次・中村元勝らの所領で、「たわた（田幡）」は柴田七蔵家親らの所領であるから、やはりこの那古野殿は今川氏豊のことであると考えられる。天文五年時はまだ「那古野合戦」の火ぶたは切られておらず氏豊は那古野に健在であったのであろう。

これらの要件を差し引けば、吉法師が那古野城主となったのは、どんなに早くとも兵火で焼失し柳之丸一帯が再建された天文八年（一五三九）以降のことだと考えられる。

しかし、天文八年以降だとしても不可思議な点は多い。今川那古野家の本城柳之丸（那古野城）は陥落したが、愛知郡一帯には今川那古野家の支城が多く展開していたからである。

これらの存在を考慮すると弾正忠家の五歳の幼主・吉法師（織田信長）が彼らを抑えることが出来たのかは疑問が残る。

五歳に満たない弾正忠家の幼主・吉法師を廣井城の中村家・押切城の大屋家・大秋城の大秋家・小林城の山田家・戸部城の戸部（田中）家・鳴海城の山口家らが支える新体制が成り立っていたとすれば、今川家臣団は総じて織田家に鞍替えしたともいえる。

仮に通説通りであるのならば、信長は幼少から旧今川家臣団に囲まれて育ったという状況になってしまうので慎重に判断したい。
先の那古野合戦は『性海寺文書』などからも守護代・織田《おだ》達勝《みちかつ》らの存在が背後関係にあり、このようなクーデター直後に弾正忠家の当主を幼主・吉法師に挿げ替えていたとすれば、織田大和守家側にも何らかの意図が介在していた筈である。

『織田信秀判物（西加藤家文書）』

就商売儀、徳政・要脚・国役・年記弁永代買得田畠・浜野以下之事、雖為或売主闕所或退転、達勝（織田）免許之御判形相調遺上者、任其旨、於此方、於末代、不可有別儀、自然如此免許令棄破、雖申付、聊不可有相違者也、仍状如件、

天文八
三月廿日　弾正忠
信秀（花押）
賀藤隼人殿
進之候

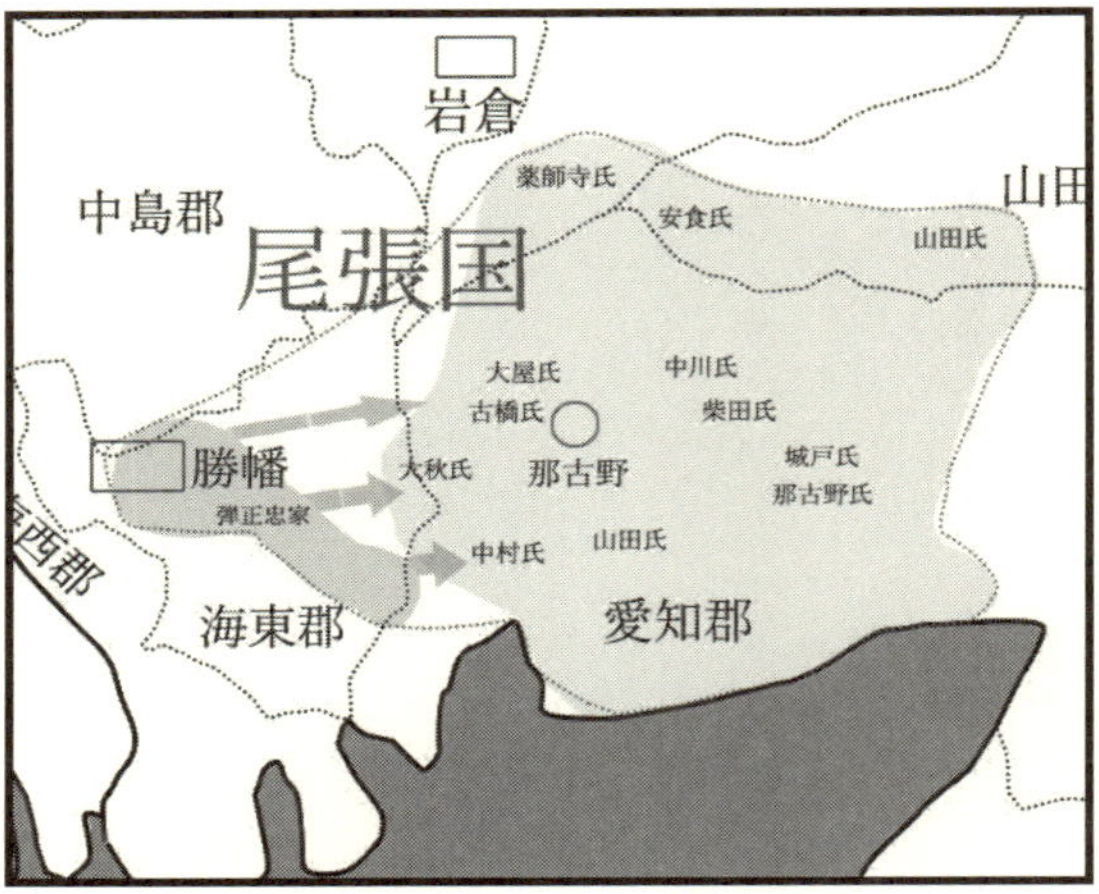

それを示す史料として、右記は信秀が今川那古野領（愛知郡一帯）を手中に収めた後の動向がある程度掴むことができる。

信秀の柳之丸取りは熱田湊を掌握し、津島湊との往来で経済力を高める為であったともいわれている。しかし、信秀は天文八年（一五三九）三月二十一日に熱田加藤家の分家筋にあたる西加藤家の隼人佐延隆に対し、買い抑えた田畠や浜野について売主が闕所退転などして不在となっても、守護代・織田達勝の判形（証文）さえあれば信秀は永代まで不可侵である。としている。

このように柳之丸（那古野城）奪取以降、達勝の威令は回復しており、信秀が下剋上によって自ら切り開いたとされる愛知郡進出も、守護代・

織田達勝の影響を強く受けていた実情が垣間見える。

この達勝特権は天文十二年（一五四三）に改めて保証されており、弾正忠家あるいは信秀が大和守家の影響を排除したとはっきり言える様になるのは、もう少し後のことのようだ。

那古野合戦を誘起した外的要因

先に起きた斯波義達と今川氏親の対立関係は義達が剃髪した上で起請文を今川氏に提出し、氏豊に娘を差し出すという完全敗北状態が前提にある。

この状況を義達の後継たる義統が今川家との政治的対立だけで覆すのは至難の業であった。しかし、この状況は尾張内部の係争や隣国周辺の情勢によって絶好の機会が訪れる。

天文五年（一五三六）一月、清須城主・織田達勝と小田井城主・織田藤左衛門が海西郡にある荷上興善寺に合力（連携）した動きがあり、これには織田達順などの織田一族の関与なども散見し、下間氏を介して本願寺証如へと伝わっている。

この織田一族の間に起きている不穏な動きに関して、下村信博氏は天文元年に起きた（一五三二）に起きた守護代・織田達勝と藤左衛門尉家・織田寛故、弾正忠家・織田信秀ら

に起きた係争の再熱と説いている。（『歴史読本』二〇〇五年八月号）

勝幡城から見て北部には大和守家が在り、東部には藤左衛門尉家が在ることから、信秀が勢力を伸ばすとすれば、勝幡から南下した荷之上（愛知県弥富市荷之上町）方面に限られていた。しかし、荷之上への南進は藤左衛門尉家が足利御一家で戸田（富田）荘を領する石橋忠義と繋がり、これを阻んだ。

石橋忠義は急速に勢力を拡大する本願寺門徒に影響力を持っており、荷之上の服部党はこの頃石橋忠義を介して対弾正忠家の牽制として動員された見込みもあるだろう。

この内紛に関わるのかは不明であるが、同年十月までには津田豊後守敏元が逝去しており、信秀は尾張西進を封じられたばかりか、伯父の死去で背後（尾張東部）を気にしなければならない危機的状況にあった。周辺諸国の状況はその限りではなく斯波義統と織田各家の視線は東部の今川那古野家に向いた。

天文四年（一五三五）には尾張国進出を目指した松平清康が守山（森山）崩れによって死去し、松平家は大きく方策を転換していた。

美濃国では長井《ながい》新九郎《しんくろう》規秀《のりひで》（のちの斎藤道三）が天文四年（一五三五）に土岐《とき》頼芸《よりのり》と共に土岐《とき》頼純《よりずみ》と激突し、その戦火は美濃国全土へと拡大していた。東方に在る駿河では今川惣領家が天文六年(一五三七)二月下旬より相模国の北条氏綱《ほうじょううじつな》から領国東部へ侵攻されていた。この係争は「河東の乱」と呼ばれ、甲斐の武田信虎《たけだのぶとら》も娘・定恵院《じょうけいいん》（信玄の姉）を正室に送っていたため、東国諸勢力を巻き込む大きな戦いに発展した。

「那古野合戦」が起きたタイミングは隣国の美濃国・三河国の情勢に加え、今川家惣領が東方で身動きが取れないという絶好の機会に恵まれていた。

裏切り者の粛清

「小豆坂《あずきざか》の戦い」と呼ばれる戦いは研究者の間でも見解が多岐に渡り諸説ある。というのも、天文十六年（一五四七）に「稲葉山城下の戦い」で討ち死した織田信秀の弟・与次郎の存在を巡って天文十一年（一五四二）説と天文十七年（一五四二）説に分かれているからである。

「小豆坂の戦い」が二度に渡って繰り広げられたとする見解は織田氏研究に多く見られる傾向にあり、残存史料の状況から戦いが起きたのは天文十七年の一回のみであるという傾向が強いのが今川氏研究である。

今川氏関係史料には天文十七年説を裏付ける文書があり、二度に渡った戦いという説は等閑視《とうかんし》されることが多い。筆者は今川氏研究の側にあるが、織田氏研究の先行研究を踏襲して

「小豆坂の戦い」は二回に渡って起きていたとする仮説も検討したい。

　天文十一年（一五四二）八月といえば柳之丸陥落からまだ四年程しか経っていない頃である。那古野新五郎の筋であると考えられる那古野弥五郎は竹王丸に当主の座を奪われ裏切った。そして柳之丸（那古野城）は陥落したが、（竹王丸）の敵を討つためか、太原崇孚《たいげんそうふ》（雪斎《せっさい》）は今川方の先駆けとなって小豆坂に兵を繰り出した。

　この小豆坂で織田家・那古野家（今川氏庶流）連合と今川家の間に係争が起きた。

　柳之丸の警固番を務め今川那古野家の復興に尽力した庵原安房守は太原崇孚（雪斎）の父・庵原政盛《いはらまさもり》の近親だと考えられ、那古野領主・新五郎を裏切った弥五郎の粛清に乗り出した。

　雪斎は駿河と相模の国境沿いで「河東一乱《かとういちらん》」が発生している最中、三河国を一時的に突き抜け弥五郎の首を討ち取り領国へ帰った。

　下方左近《しもかたさこん》・佐々隼人正《さっさはやとのかみ》・佐々孫介《さっさまごすけ》・中野又兵衛《なかのまたべえ》・赤川彦右衛門《あかがわひこえもん》・神戸市左衛門・永田次郎右衛門・山口左馬助らは何れも愛知郡一帯を領する一族であり、那古野弥五郎に従っていたのであろう。

　弥五郎の傍輩である織田信秀は織田信康《のぶやす》・信光《のぶみつ》・信実《のぶざね》・信房《のぶふさ》ら連枝衆を引き連れ、弥五郎軍に加勢に来たが那古野家の当主・弥五郎が討ち取られてしまったので、那古野家の家臣団を取り立てた。

　これが、天文十一年（一五四二）の出来事と仮定すれば、今川那古野家家臣団が弾正忠家に属した年次を確認できる史料が、翌天文十二年（一五四三）以降散見する理由も道理が通る。

　織田信長が今川那古野領と那古野城を相続するまでの間にはこのような経緯があったと考えられ、主を失った今川那古野家家臣団は皆一様に織田弾正忠家に属した。

天文十二年の転換期

『多聞院日記《たもんいんにっき》』によると、天文十二年（一五四三）二月十四日条に織田信秀が内裏（皇居）の修繕《しゅうぜん》に料足四千貫を進上したという記述がある。

この話を伝聞《でんぶん》越しに聞いた多聞院英俊《えいしゅん》はそれが事実であれば不思議（奇特）であると信秀の働きぶり（進上）を驚いたことで有名であり、信秀の朝廷重視の姿勢が窺える。

　信秀は同年五月に家臣の中でも選りすぐりの者を選出し上洛させ、十七日には平手中務丞政秀ら一行が石山本願寺主を訪ねていることが『石山本願寺日記《いしやまほんがんじにっき》』から読み取れる。

　弾正忠信秀による内裏（皇居）修繕に伴って上洛した弾正忠家一行は石山本願寺を訪ねた前後に奈良の春日神社を訪れ、武運や息災、子孫繁盛など願い、一行を代表して中村対馬守元勝が石灯篭《いしとうろう》を寄進している。石灯篭の銘文《めいぶん》で注目すべきは、弾正忠信秀の遣《つか》いとして上洛している一行の中に今川那古野家の旧臣の名が散見していることである。

元勝が平手政秀に随行していたことは間違いがなく、寄進者として弾正忠家一行の代表を任されるなど、その立場は平手中務丞を支える存在であったことがうかがえる。

元勝はこの当時、弾正忠家に確実に召し抱えられていることは明らかで、信秀によって内裏（皇居）修繕の所事務を預かる一団に選出されていたのである。

朝廷がこの二か月後の七月に駿河の今川義元に内裏修繕料の拠出を要請していることからも、この内裏（皇居）修繕は信秀の業績の一つとして重要な成果であり、中村元勝は信秀の業績を陰で支えた人物の一人であった。

『春日社石灯篭竿銘文』

十二年五月吉日、

奉寄進春日社

意趣者、武運長久　息災延命

子孫繁昌　二世所願成就祈所、

尾州愛智郡中村対馬守元勝敬白、

今川義元が朝廷工作で織田信秀に対し遅れを取ったのは、皮肉にも今川那古野家旧臣の支えによるところも大きく、彼らは次第に織田信秀家臣団として成長していく。

『熱田社座主憲信覚書（密蔵院文書）』

覚書　　笠寺座主別当由緒之事、先御本□熱田八剣大明神之御作也、

最初開白之檀那ハ尾張氏此方之先祖として、仁皇四十五代帝聖武天皇の御宇、宣使を□下、一字の伽藍を建立し、小松寺と号、即座主別当として、勤行等執行給之事、百六十余年之間、破損して、有名無実旧跡となる、其後仁皇六十代醍醐天王御宇、延長八年庚寅関白殿御子兼平中将殿、八剣宮十一面観音の御利生ににようて再興し御座て、笠覆寺と寺号をあらため、故跡之由緒を尋、座主別当として、興福寺之供僧を請し、寺僧として十一句を建立したまひしより以来、于今無退転、座主持来其証文等、数通在之、然処ニ中比此方之代僧ニて候なと云ほうこを、五十余ヶ年已前ニも出し、既曲事之段、国守被聞召分、常□大和守殿さま御判形を給置、如前々別当職并知行分可相計由之以御下知、五十余カ年知行無紛候処を、今更何ヲ申掠候哉、支証明鏡令持参候条、不及是非候、それより以来、永正七年に観音御戸を別当へも不届開候間、○《御判行有之》五郎殿御代給御批判、以理運之旨被仰付、既我等代まて寺役礼儀仕来候へ、然処又十七八ヶ年ニも及候歟、観音之御戸之中開を仕候時、此方へも不届、寺僧として開候間、其時今之大和守さまへ申上候へハ雖被仰付候、在所かく承引不申間、不及了簡、神輿御榊をふり、神慮之御めくミを以、御罰を令見給ニハ、手ニ入候ハんと御礼を出し候処、各豪御罰候歟、其在所荒はて候事、眼前候哉、動者《やゝもすれハ》如此非法を仕候事、其砌彼在所ニ州より知行之故ニ、国之御下知をもかろんし申たる事ニて候、いハん哉長袖之儀可有御察候、然処当殿様愛智・々多悉以御手ニ入候之条、カ様之時節まて相待申へれと存、千秋紀伊守殿を以、彼守之御理被申上、御判を令頂戴候事ニ候、今何とも□此外不可有別儀候哉、又彼仁申様ニ、一度神輿御榊を被出候上者、被捨置候事、無紛候由申間、をかしき被申事ニ候、一天下之神職之大法其分ニ候哉、一円被存ましく候、惣別神職と申ハ、か様之無躰之仁申掠、不知行之事候へハ、神法をいたし給ニハ、手ニ入候事、天下之神紙之大法ニ候、其故例于今不一神家ニある事ニ候、如此非を以、理にもてなし候共、憲法明鏡間、御批判之上、聊其御粉あるましく候哉、

天文十九年庚戌十二月十七日　憲信（花押）

判形四相そへ申候

熱田社座主との権益争い

愛知郡内における今川那古野家が織田弾正忠家に取り込まれて行く過程は熱田社座主《あつたしゃざす》・憲信という人物の「覚書き」によってある程度はその推移を辿ることができる。

この覚書きは憲信が天文十九年(一五五〇)に織田信長に対し、「熱田社(神宮寺)座主」が「笠寺(笠覆寺)別当職」を兼帯することの正統性を語るために、熱田大明神《だいみょうじん》の恩恵《おんけい》を給う尾張氏の系譜から順に説明したものである。

「熱田社座主」とは熱田神宮寺における寺務統轄者《じむとうかつしゃ》の「職名」であり、その役職についた人物の総称として用いられる場合もある。例えば、この時代の「熱田社座主」といえば、憲信の事を指し示しており、憲信は笠寺別当職を兼帯しているので、この時期に限っていえば、「熱田社座主＝笠寺別当＝憲信」という風に捉えても構わない。

「座主」の仕事は踏歌神事《とうかしんじ》(除厄《やくよけ》と招福《しょうふく》を祈る神事)における頌文奉読《じゅもんほうどく》や修正会(法会)における神名帳奉読を始め、遷宮の際の供奉など熱田社の神事や佛事にまつわる重要な役割を任されており、司祭としては「熱田大宮司《あつただいぐうじ》」職に勝るとも劣らない要職であった。

熱田社座主職は代々尾張氏によって相続され、藤原氏(藤原南家)が尾張氏の系譜を紡ぐと座主職も藤原氏(千秋氏など)が受け継いできた。

しかし、南北朝時代になると尾張守護・土岐一族によって座主職は押領を受けてしまい、明徳年間（一三九〇〜）に至っては京都・醍醐寺座主によって同職が兼帯された。

京都醍醐寺の座主職と熱田社座主の兼帯は暫く続いたが、その関係は次第に失われ、暫くの空白期間を経て、明応七年（一四九八）には確実に座主職は尾張氏（藤原氏）へと還補されたという。

明応七年（一四九八）になると、清州方守護代（大和守家）の織田寛村の手によって熱田社座主と笠寺別当職の兼任が認められており、尾張氏後裔は愛知郡内におけるかつての威光を取り戻すため勢力の復興を計った。この頃、今川那古野家の勢力は名越殿（国氏）の没落によって弱体化を免れない時期であり、熱田社座主の勢力は織田大和守家と結びつきを強化し、座主職を還補されるまでに至った。

『織田寛村判物（密蔵院文書）』

笠寺別当職事、為本寺勤行等、誠執行之上者、
坊地等事、如先々、可被相計者也、仍状如件
明応七
十一月三日　　寛村（花押）
熱田宮
座主御坊

名越殿（国氏）の没落を受けて、三條西実隆は熱田大宮司職に情況注進を迫っている。（『実隆公記』）

熱田社座主の庶流・花井蔵人の後裔で大高城主の花井《はない》備中守《びっちゅうのかみ》は、永正六年（一五〇九）九月に氷上社《ひかみしゃ》の社頭《しゃとう》・供御所《くごしょ》を修造遷宮《しゅうぞうせんぐう》（『久米吉彦氏所蔵文書』）

するなど、熱田社座主一族は興隆《こうりゅう》の兆しにあった。

憲信の覚書は五十年ほど過去に遡って「熱田社座主と笠寺別当職の兼帯することの正統性」と「笠寺台地における諸勢力の関係性」を説明しており、座主方である織田氏や笠寺一帯の豪族がどのような足跡を辿っていたかを物語る貴重な史料である。

同覚書によれば「永正七年に観音御戸を別当へも不届開候間、五郎殿《御判行有之》御代給御批判、似理運之旨被仰付」としており、守護代である「五郎殿」、つまり織田達定が先代の織田寛村に代わって事態に対応した事を指し示している。

永正七年（一五一〇）になると笠寺に在地する有力檀那である愛智民部、山口左馬助、成田平八、田中新《源》左衛門らが結集し、笠覆寺の寺僧を支援したため、寺僧らによって笠寺別当憲信に対し「無断開帳」が行われた。これによって尾張氏・花井氏ら座主方（笠寺別当職）と今川那古野方に与したと考えられる愛知郡南部の檀那方の間に権益争いが発生した。

彼らの小さな係争関係が笠寺台地と知多情勢に影響を及ぼした。座主方と檀那方との諍いがどのように生じたのか「憲信覚書」の記述を掘り下げて振り返りたい。

織田達定は熱田社座主を笠寺（笠覆寺）別当として安堵し、笠覆寺方の「無断開帳《むだんかいちょう》」には厳しく申し付けるべしとしている。この「開帳」とは元来、仏教寺院で用いられる用語で、厨子《ずし》（仏像を安置する収納具）の扉を開き、中に収められている「観音」を信者（参拝者）に拝観できる機会を取り繕うことを指している。

座主方と寺僧《じそう》の支配体制は別当職（座主方）の支配下にある笠寺観音（笠覆寺）の寺役《じゃく》（＝働く寺僧）が寺務統轄者である「笠寺別当職（＝熱田社座主）」に「開帳」を願い出て、承諾を得られた場合に寺役（＝寺僧）が座主（別当職）に代わって観音を開き、訪れる人々との間に結縁《けちえん》（＝仏道に帰依する機会）を儲けるというのが本来の関係性と目的である。

笠寺（笠覆寺）一帯で起きている座主方（笠寺別当職）と寺僧及び彼らを支援する檀那方によって展開されている利権争いとは、「開帳」した際に参拝者から得られる「幣《へい》（散銭）」に付随する多額の収益や奉信者から寄進される寺社の修繕費・経営費などの利権であり座主（笠寺別当職）にとって、これらの収益は寺領から得られる年貢と同等、或いはそれ以上に大きな意味を持っていた。

寺僧達は笠寺の有力者らを味方につけ、これら一円の支配体制を無視して「無断開帳」する事で莫大な収益を得ており、支援者である在地の有力者は笠寺一帯における影響力を伸ばした。

現代風に例えれば、「統括理事から選任された代表者を職員が無視して、勝手に営業を行い、理事や代表を無視した上で、後援者に意のままに地域活動や利益分配を行っている」というような状態に陥ったので座主・憲信は織田大和守家に訴え出て寺僧や檀那方の処罰と笠寺別当職の正統性を求めているのである。

しかし、座主方が織田大和守家を頼り、寺僧方に威を以て圧を加えるという対処を試みたので、笠寺台地に下四郡守護代家の介入することを快く思わなかった田中（戸部）氏、愛智氏、成田氏、山口氏ら有力檀那方が笠覆寺の寺僧を支援するという対抗勢力が生まれた。

織田大和守家が擁立した座主（別当）方と笠覆寺の寺僧を支援する檀那方という対立図式が生じたのである。永正七年といえば、今川那古野家は没落していた時期で愛知郡内でのトラブルに大和守家が対応したことが窺える。

『織田達定書状（密蔵院文書）』

笠覆寺《（愛智郡）》別当職事、如先々、可執行候、仍今度開張《帳》儀、
不及案内之由候、近比曲事之段、可被申付候、恐々謹言、
三月《永正七》五日　　達定《（織田）》（花押）
座主《熱田》御坊

「憲信覚書」によると「然処又十七八ヶ年ニも及候歟、観音之御戸之中開を仕候時、此方へも不届、寺僧として開候間、」とあり、十七、八年後の大永七／享禄元年（一五二七・二八）に再び笠覆寺方の寺僧らによって再び無断で観音の開帳が行われた。

織田達勝の発給文書は現存していないが、憲信覚書には「其時今之大和守殿さまへ申上候へハ、雖被仰付候、在所かく承引不申」とあり、座主方は「今の大和守殿」つまり織田達勝に直訴《じきそ》していたようだ。

大和守殿（達勝）より笠寺別当職の安堵と座主方（笠寺別当）に無断で開帳を行った寺僧への詰問《きつもん》が行われていたという。しかし結果は「在所かく承引不申」とある通り、在所＝寺僧らが大和守家の詰問を無視するので、この詰問は意味を為さなかったようである。

この頃には斯波義達と今川氏親の戦いが終結し、今川那古野氏の勢力が愛知郡に帰参し、愛知郡内一帯に再びその威光を示さんとしていた。

彼ら笠寺の檀那方は熱田社座主並びに下四郡守護代方に対抗するために今川那古野家の麾下に加わったと考えられ、ここに図らずも織田大和守家（笠寺別当職方）と今川那古野家（寺僧・檀那方）の権益問題に発展し、この小さな係争関係が後年、愛知郡内の諸勢力の力関係に影響を及ぼした。このよう笠覆寺方の寺僧の反発に対して、憲信は「神慮之御めくミを以、御罰《ばち》を令見給ニハ手ニ入候ハんと御札を出し候処、各蒙御罰《ばち》候歟、其在所荒はて候事、眼前候哉」と記している。

笠寺観音（笠覆寺）を無断開帳する寺僧たちに神慮の罰が下り、笠覆寺が荒れ果てることが眼前に迫っている。と嘆く一方で、笠覆寺別当（熱田社座主）の一円支配から独立し、独自寺務執行権を望む寺僧とそれを支援する在地有力者たちをコントロールすることが出来ない憲信の静かな怒りがこの文から伝わってくるようである。

憲信曰く、このような「非法」が横行《おうこう》する背景として「其砌《みぎり》彼在所三州より知行之故ニ国之御下知をもかろんし申したる事ニて候」と述べている。在所＝笠覆寺一帯が三河の勢力によって知行とする記述は気になる一文である。この一文に関して上村喜久子氏は三河の松平氏の存在を指摘し、下村信博氏は水野氏一族の存在を指摘している。（『年報中世史研究』所収「中世地方寺院縁起の展開と地域社会－笠寺縁起と熱田」：上村喜久子、『織豊期の政治構造』所収「勝幡系織田氏と尾張武士－愛知郡戸部の水野氏の事例－」：下村信博）

この当時の小川城主水野忠政・信元親子は二代に渡り松平家から室を迎えており、松平清康と水野氏は同盟関係があったと推定されている。両氏が指摘された松平氏と水野氏の二氏族はまさに三河国西部で協調関係を持っており、大永三年（一五二四）に先代の家督を継いだ松平清康が三河国において急速に力を伸ばし、台頭してきた時期であった。

この頃の水野氏一族は惣領家（小河水野氏）を主体に血縁的統合《けつえんてきとうごう》を計り、刈谷・大高・常滑などの諸家と一族一揆を中核として地域支配の安定化につとめていた。（『刈谷市史』：刈

谷市史編さん編集委員会編）

このような地域情勢があることから先の「在所三州より知行」という一文は三河の松平氏を背後関係に持つ水野氏一族を指し示しているということである。

知多郡の乙河御厨など熱田神宮寺領であり、座主庶流の花井氏が息を吹き返し、小河氏後裔の水野氏とは古くから所領をめぐって係争関係にあった。この笠寺台地の利権問題には水野氏と花井氏の係争関係も幾らか関わっていたような節も見受けられ、三河方の工作が及んでいたとする憲信の主張も知多情勢も関連がありそうである。

笠寺観音の寺僧を支援する檀那方とは『笠覆寺文書《りゅうふくじもんじょ》』などからも判るように田中（戸部）氏、山口氏、愛智氏、成田氏らが挙げられ、彼らに対して三河方（水野氏＋松平氏）の勢力の手が回っているので守護代織田家からの威令（国の下知）を軽んじられ、座主方（笠寺別当職）の支配体制は瓦解し、織田達勝の権威も及ばなかったという惨状である。

この三河（松平）方の工作に関しては座主方の支配や守護代からの詰問に従わないよう裏で内部工作が想定される。松平氏と水野氏の暗躍に関しては状況的推移も含むため注意を払う必要もあるが、少なくとも憲信がそのように認識していたという点は大きな意味を持つだろう。

憲信が必死に訴えかけている通りであれば、織田大和守家と今川那古野家の二大勢力の麾下に三河方が介入したことで、利権問題はより混迷を極め、これが知多情勢にも影響を与えたということになる。

もう一つの捉え方としては在地勢力を上手くコントロールすることが出来ない事に強い不安感を抱いた憲信が三河勢の暗躍でもなければこのような惨状には至らないと思慮し、憶測交じりに「覚書」にこのような記述を残したというパターンも想起され、考証の幅が広い。

三河方の暗躍があったかは「憲信覚書」以上のことは断定できないが、天文四年（一五三五）に清康が横死していることから三河方の支配体制は何れにせよこの頃には瓦解している。

天文七年（一五三八）頃には今川那古野家の柳之丸を織田信秀が奪取し、左馬助氏豊を追放したことで弾正忠家は今川那古野家の旧領と家臣団をまるごと飲み込みこんだ。

これによって勝幡を中心とした地域から一気に東へ進出し版図を拡大したので、これを見た憲信は「然処、当殿様《（織田信秀）》愛智々多悉似御手ニ入候」と記している。憲信曰く、今川那古野家の領域を飲み込んだ「当殿様（＝信秀）」が愛知郡全域を悉く手に入れたという。

憲信は「力様之時節をまて相待申へれと存、千秋紀伊守殿を似、彼守之御理被申上、御判を令頂戴候事ニ」と記しているように、（笠寺の有力者を抱える今川那古野家が瓦解し）愛知郡一帯が織田信秀の手に入る時期を待っていたようである。

そして、千秋紀伊守殿＝熱田大宮司の千秋李光《せんしゅうすえみつ》を介して笠覆寺と同寺領の支配権を回復するため、信秀に御判を申し入れたのである。

『織田信秀判物』は無年号文書ではあるが、守護代・織田達勝の手を離れて独立して判物を発給していることや、「弾正忠《だんじょうのじょう》」を冠している事を鑑みれば、おおよそ天文十二年（一五四三）〜天文十七年（一五四八）の間に発給された判物であると考えるのが妥当である。座主・憲信は今川那古野家が陥落した今、弾正忠信秀の御判には大いに期待していたことであろう。信秀の裁定次第では熱田社座主（笠寺別当職）と笠寺の有力者たちの力関係が本来の関係性に戻るからである。

『織田信秀判物』によると寺僧方から「笠覆寺の寺僧領のことに関して、近年、謂《いわ》れのない衆徒《しゅうと》や百姓によって押領が行われている」という訴えに対して信秀は「悉《ことごと》く改易の令を出す」とし、押領者の改易によって回復される当知行（寺僧領）に関しては「半分之事《はんぶんのこと》」とした。つまり、寺僧方と座主方で「中分（＝対等に分け与える）」という結果に落ち着いた。

事態は熱田社座主(笠寺別当)に有利に働くかと思えば、織田弾正忠信秀の裁定は笠覆寺(笠寺観音) の経営に関与していた笠寺檀那方の裔、山口左馬助、戸部新左衛門、山口愛智らの

大永三年〜（一五二四〜）頃

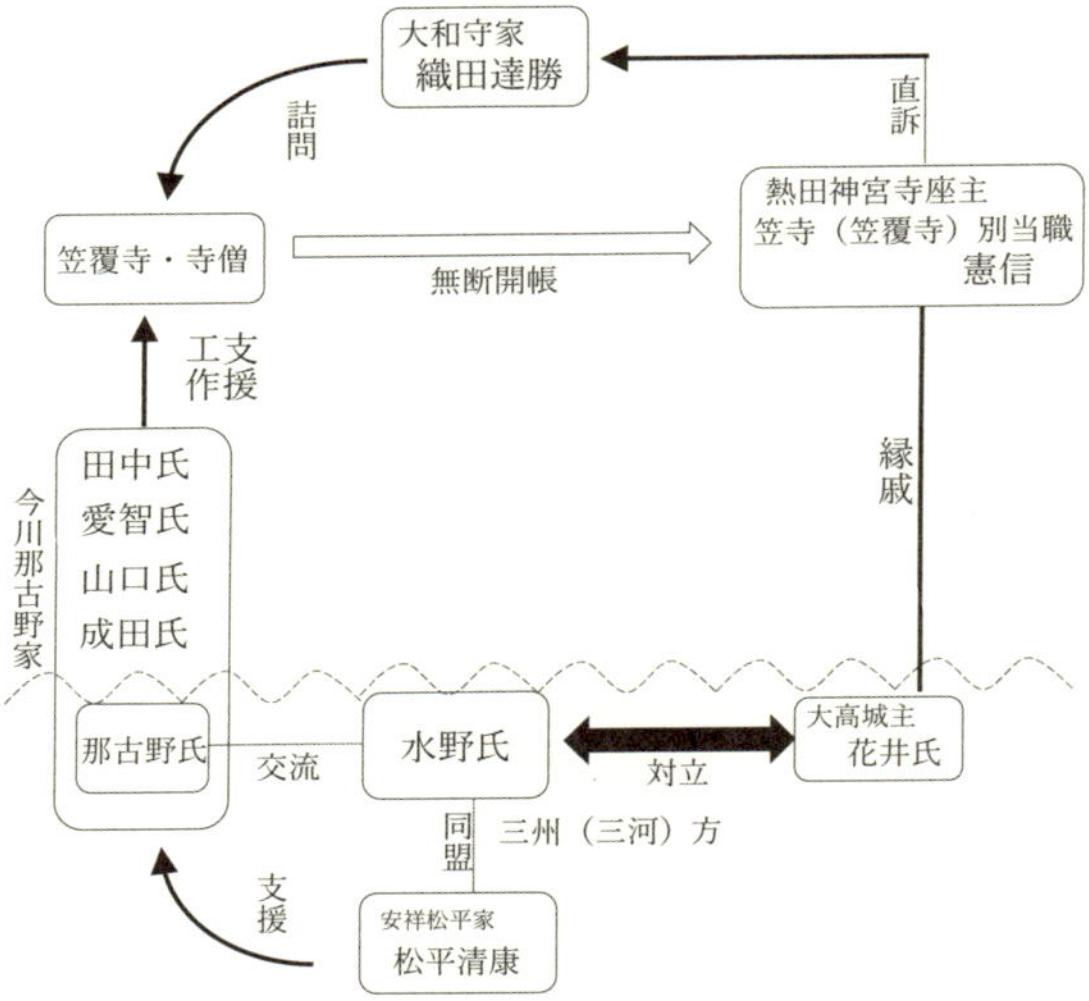

立場と利害関係に配慮したのか座主方だけではなく、笠寺旦那方への配慮と妥協が見てとれるのである。

これには憲信も不服であったのか覚書には「をかしき被申事ニ候（おかしな申し事）」と一喝し、笠寺（笠覆寺）別当職のことを「天下の神職」と例え、「一円被存ましく候（一円支配が望ましい）」と主張している。

憲信からすれば、長年、笠寺の利権をめぐって争っていた檀那方の親元にあった今川那古野家が瓦解したのにも関わらず、信秀の公平な裁定には疑問が湧き出たことであろう。

これは織田弾正忠家の実情を踏まえ

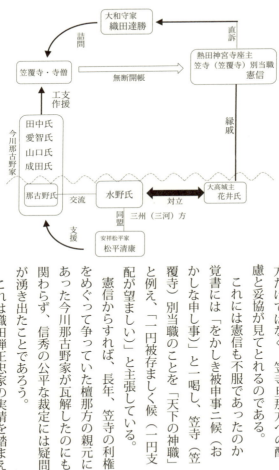

れば実に切実な問題であるが、本来、弾正忠家は織田大和守家と密接な関係を持った熱田社座主を支持する立場を期待されていた。

しかし、今川那古野家家臣筋を取り込んだことで笠寺の有力者たる檀那方をそのまま弾正忠家に迎え入れていたので、座主方と檀那方の利権問題がそのまま弾正忠家の内政問題へ発展してしまったのである。

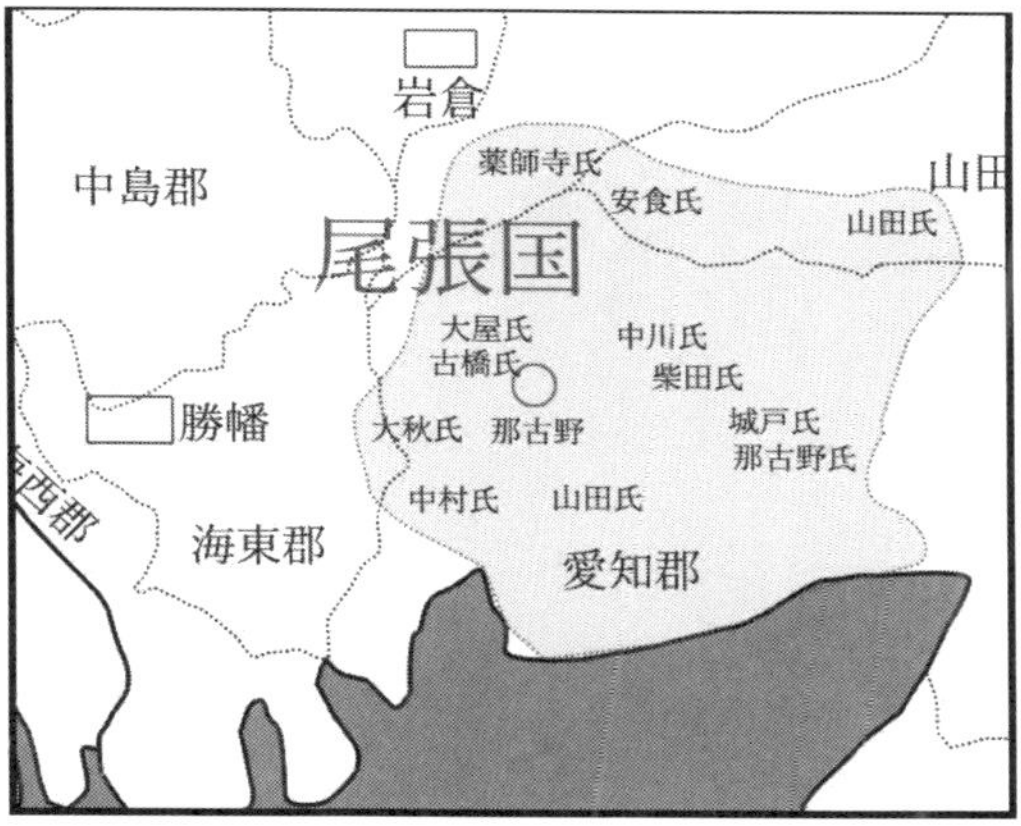

このような事態を鑑みれば、弾正忠信秀が「中分」とした判断はやむを得なかったのではないだろうか。公平な裁定を不服に感じたのは寺僧を支援する檀那方も同じ感覚であったであろう。彼らの転機は天文十八年（一五四九）に訪れる。

駿河の今川義元の軍勢が三河の安祥城を攻略すると太原崇孚（雪斎）が信秀の長男・織田信広を生け捕りにし、織田方の平手中務丞政秀に松平竹千代（後の家康）と人質交換を申し出た。『三河物語』によれば平手は林佐渡守と連名で承諾の返書を送ったとされている。

今川那古野家の譜代である田中家の新左衛門の役割は名越殿の没落によって乱れた熱田以東の領土を保全することであったと想定され、熱田社座主（笠寺別当職）と争っていた笠寺の山口氏、愛智氏、成田氏らの在地の有力者を今川方に迎え入れることで愛知郡内の問題に威令を及ぼそうとする織田大和守家に対抗したものと推定される。

このような弾正忠家の壊滅的危機に織田信秀に仕え、よく働いたのが、戸部新左衛門、山口愛智、山口左馬助ら今川那古野家の旧臣と言われる人々である。戸部新左衛門は田中氏後裔であり、田中氏は愛智氏と連携を強固としていた。

当時の愛智氏当主は山口愛智と呼ばれる人物である。山口愛智の小舅（姉妹の夫）が山口左馬助教継であるから三者はそれぞれ呼応関係にあり、後世に三者は混同されることもあったようだ。山口親子の麾下に成田弥六・成田助四郎などが組み込まれており、それぞれ永正年間にあらわれる笠寺の檀那方の裔だと考えられる。

天文十九年（一五五〇）、弾正忠家内で躍進する田中（戸部）新左衛門・山口愛智・山口左馬助ら有力者たちが注目したのが、病床についた信秀に代わって当務にあたる織田信長の内政…。もっとピンポイントに言えば信長が笠寺の利権問題についてどのような裁定を下すのかその真価を問われた。

この裁定如何《いかん》によっては彼らが駿河今川家に比重を置くことも想定されることから、慎重な判断が要されたことは想像に難しくない。

五十余年もの時を遡って笠寺別当職（熱田社座主）の正統性を語ってきた憲信の覚書は天文十九年（一五五〇）十二月十七日付けの申し分で、「織田信長判物」はこれを受けて六日後に出されたものである。信秀に代わって信長から出された判物は熱田神宮寺座主憲信に対して「笠寺別当職」を安堵するものであり、「備後守任判形之旨」とあるように基本的には備後守信秀が認めた判形（先例）を踏襲するという内容であった。

これは熱田社座主が笠寺別当職を連帯することの重要性を憲信が説いたので信長は父・信秀の先例に習って改めて認めたということであるが、笠覆寺・寺僧（笠寺檀那方）と争点となっている別当職知行に関しては信秀とは異なる見解を示していた。

別当職知行に関して「半分之事」とした信秀の先例に対して、信長は「御知行分」は「参銭開張《帳》寺山寺中御計之上者」である。

信長は憲信に配慮したのか笠寺別当職に寺領以外にも「参銭《（散）》」と「開帳」によって得られる「笠覆寺（笠寺観音）」の収益を熱田社座主に認めた。つまり、かねてより憲信が訴え出ていた熱田社座主を兼帯した「笠寺別当職」の統制下に檀那方が収まるよう改めたのである。信長が下した判断は熱田社を信仰する宗教的な理由があったのか、笠寺檀那方の既得権益となっている「参銭」や「開帳」で得られる収益を絶とうとした策であったのかは定かでは無い。しかし、この裁定によって笠寺旦那方である戸部氏、山口氏、愛智氏、成田氏ら在地の有力者たちが権益確保のために駿河今川家に比重を置いたのは言うまでもない。

上村喜久子氏は「笠寺に結集した旦那=在地土豪層《ざいちどごう》は、政治面においても、織田氏およびその有力家臣の熱田大宮司と対決、今川方に付くことで権益の確保を謀ったのであった」と政治的・経済的対立の背景を述べている。

戸部新左衛門や山口左馬助らは弾正忠家・当主の代替わりを契機に突如《とつじょ》裏切ったような印象があるが、実際には信秀生前時に信長によって余儀なくされたものであった。

織田信長のこの裁定に関しては父・信秀の先例を重んじたこと以外は汲み取ることが難しいが、可能性の一つとして注目したいのが今川方の津坂源四郎秀長の存在である。

信長が笠寺別当職を安堵する判物を発給した半年前に津坂秀長が笠寺十二坊の一つ東光坊に対して山口平八の「死迹之下地」、つまり没後の遺領相続を認める立場にあったことである。

秀長は東光坊に山口氏の遺領を安堵し、「証状」に「巨細に及ばない（細かいことは判らないが)」、「後々、違乱(物事が乱れること)が無いように」と記されるように、秀長の立場は長らく笠寺の領主であったというよりは、天文十九年(一五五〇)前後に駿河今川家から暫定的に派遣された中継ぎ領主であると考えるほうが自然である。

天文十九年といえば「定光寺年代記」に「尾州錯乱」があったとされる年であり、八月に今川義元の軍勢が五万騎で智多郡へ出陣したという記録が残っている。

これを、そのまま鵜呑みにすることは出来ないが、天文十九年に駿河今川家の勢力が尾張国に対して強いプレッシャーをかけていたものと考えられ、その一環として津坂秀長が笠寺に派遣された見込みは高い。何れにしても津坂秀長は暫定的な領主であり、後々違乱が起きないようという判断で遺領の相続を認めたようである。

状況的推移にはなるが、津坂秀長は笠寺の有力者に配慮していたのである。笠寺の有力者らはその裁量を汲み評価したかも知れないが、織田領での独断による裁定は信長を刺激し、逆鱗に触れていたかも知れない。この当時の信長が笠寺の権益に対してどの程度思慮深く考えが及んでいたかは考証の余地があるが、これらの小さな地域紛争・係争が織田家と今川家外交にまで発展し、僅かなりとも「桶狭間の戦い」へ影響を与えたことは留意しておきたい。

その後の那古野今川家

今川那古野家は氏豊が柳之丸を奪取された際に、家臣団を含めて織田弾正忠家に取り込まれたことで事実上瓦解していた。しかし、氏豊父子は命からがら京都（あるいは駿河藤枝）へ落ち延びていたので、形式上の「家」そのものは続いていた。

今川氏豊（竹王丸か）の嫡子・太郎は後名を「孫二郎《まごじろう》」と名乗った。氏明の事績として織田信長の小姓衆としての働きがある。彼は天正十年（一五八二）六月二日に起きた「本能寺の変」で明智軍から主君・信長を守って討ち取られるなど短命であった。

『信長公記』巻之十五所収「御殿の内にて討ち死の衆」

森乱、森力、森坊兄弟三人、小河愛平、高橋虎松、金森義入、菅屋角蔵、魚住勝七、武田喜太郎、大塚又一郎、狩野又九郎、薄田與五郎、今川孫二郎、落合小八郎、伊藤彦作、久々利亀、種田亀、山田弥太郎、飯河宮松、祖父江孫、柏原鍋兄弟、針阿彌、平尾久助、大塚孫三、湯淺甚介、小倉松寿、御小姓衆 懸かり合い討ち死侯なり

字体は異なるが、『塩尻』巻之九十八にも今川氏豊の息男「孫次郎」の存在を伝える。

「桶狭間の戦い」後の戦後処理に関しては織田弾正忠家と駿河今川家の動向が気になる所ではある。氏明は父・左馬助氏豊が那古野城中に居た頃に那古野城で誕生したという諸伝が残っている。

『尾張人物志《おわりじんぶつし》』には「天文元年二月十一日為織田信秀抜落、其男氏明住京師」と記述され、氏明は「名古屋合戦」で柳之丸が信秀に奪われると、京師（京都）に居住したという。

これは柳之丸が陥落した際、父・氏豊と同じく女方の縁を頼って京へ逃れたということであろう。弘治三年（一五五七）三月山科言継が駿府から京都へ帰る際「今朝今川那古屋殿へ隼人遣之、太刀にて禮申候了、所労云々」と『言継卿記』に記している。

言継は駿河国藤枝で今川那古屋殿に家礼の大澤左衛門大夫を使者を送っていることから、この「今川那古屋殿」に関しては天文二年（一五三三）の尾張下向時に既知の間柄である今川竹王丸であると考えられる。左馬助氏豊・孫二郎氏明父子は女方の縁を頼りに京都へ一時的に逃れ、どこかのタイミングで駿河の今川義元のもとに迎え入れられたのであろう。

「桶狭間の戦い」後、今川氏明はどのようにして織田家への出仕したのであろうか。

『兼山記』の記述によれば、氏明の同僚である森成利（乱丸）兄弟が信長に出仕したのが、天正五年（一五七七）五月のことであるから氏明の出仕も凡そはその頃であろうと推定される。

『信長公記』によれば天正三年（一五七五）三月十六日「今川氏真御出仕、百瑞帆御進上、已前も千鳥の香炉、宗祇香炉御進献の處、宗祇香爐御返シ、千鳥の香爐止置せられ候き、今川殿毬を被遊の由被及聞食」とある。

駿河惣領家の今川氏真が上洛し、相国寺で父・義元の仇敵にあたる織田信長に謁見し、香炉の献上と合わせて氏真自ら蹴鞠を披露したという。

氏明の織田家出仕はこの頃が有力であり、天正三年の織田・今川両家の和解に要因があったと考えられる。天正年間に柳之丸（那古野）城主の子息・今川氏明が織田信長の小姓として仕えていたという事実からは、側近（小姓）衆に今川那古野氏を取り立てているということを内外に知らしめる権威的意味合いも含まれていたかも知れない。

今川氏真としても信長の懐に氏明の存在が居るのは、天下の動静を強かに探る意図もあったかのように思える。今川氏豊の後裔といえば息女・秋月院桂秀《しゅうげついんけいしゅう》が嫁いだ中野氏の系統が代表的であるが、氏明に娘が居たことはあまり知られていない。

寶林寺開基は今川左馬介良明の娘・寶林寺《ほうりんじ》鑑妙榮《みょうえい》とされ、これは氏明の息女・妙永尼《みょうえいに》のことである。

今川那古野家惣領の血脈は意外にも「本能寺の変」以降も続いていた。

妙永尼は曹渓山《そうけいざん》・寶林寺（愛知県名古屋市中区）の開基として今川那古野家の痕跡を残しており、現代の愛知県の中心部に残る関連史跡は尾張名古屋が今川一族の影響下であったことを物語っている。

今川氏豊の娘・秋月院

今川氏豊の近親者として子息・氏明と息女・秋月院桂秀の存在は確実である。「秋月院」は彼女の法名であるが、熱田田島町《たじまちょう》にある弓頭山《きゅうとうざん》の寺号としても用いられた。（現在は名古屋市瑞穂区に移設している。）

同院は今川那古野家の姫が開基であることから、斯波義達の娘（氏豊室）と秋月院が母体（胎盤）で繋がっていた頃の「へそのお」が大切に祀られるなど、今川那古野家に関する大きな手掛かりを残している。

同院の由緒帳は開山である健室和尚の書簡『募縁記』を引用して左記のように伝えている。

『秋月院由緒書』

開山は下野國富田の大中寺建室大和尚なり。
右重吉の内室、今川義元の御舎弟。徃古尾州名古屋城主今川左馬佐氏豊の息女なり。則ち法名に秋月院と申し候、寺号と称し山号は右重古一騎の比弓頭勒。茲に因って弓頭と号すと。
右建室和尚は則ち左馬助氏豊の舎弟なり。さすれば伯父、姪の因縁によって閑事とし開山と成し、また当寺奉尊は重吉代々家伝なりし守り奉尊なりしとて安置しぬ。

　氏豊の息女で中野又兵衛重吉室は下野国下都賀《しもつが》郡（栃木県栃木市）のにある曹洞宗《そうとうしゅう》・大中《だい》寺《ちゅう》の和尚・建室宗寅《けんしつそうけん》を開山に迎え、弓頭山・秋月院を開いた。開山である建室和尚は秋月院の叔父にあたる人物で左馬助氏豊の舎弟であり、叔父・姪の縁によって開山に至ったという。この諸伝は秋月院が嫁いだ中野氏後裔などにも色濃く受け継がれている。

　この諸伝は『張州雑志《ちょうしゅうざつし》』『尾張志』『尾張徇行記《じゅんこうき》』などの尾張藩諸記録にも散見するもので、建室宗寅は何れも今川氏豊の兄弟であるとしている。

　建室宗寅の事績は『曹洞宗全書』などの寺社記録によれば、天文九年（一五四〇）に尾張国で出生したと伝わっている。諸伝が事実であるならば、柳之丸陥落後に生まれた存在で、

氏豊の歳の離れた弟ということになる。（父違いの同母兄弟か）

建室宗寅は天正十六年（一五八八）、曹洞宗の宗派である建幢山《けんどうざん》・傑岑寺《けっしんじ》の第四世住職へ就任した。

傑岑寺は天文二十三年（一五五四）の創建以来、歴代住職が大中寺の住職へ就任するのが、慣習となっており、建室和尚もこの前例に倣い大中寺住職に就任した。

『総持寺緊要記録』

大神君関東江被爰成、御入國日光山御見分之砌健室與申僧大中寺住職罷在、右者今川義元之伯父ニ而、大神君御若年之御頃被爲在、御見知其弟子宗関儀茂義元姉之子ニ而、師弟共難有豪

建室和尚が晋山（住職として入寺）した宗派「曹洞宗」とは中国から伝来した禅宗の一つで、日本においては鎌倉仏教の一宗派として成立した。

曹洞宗は徳川幕府樹立後の関東では一大宗門として名高く「曹洞宗法度」などが整備されるなど重宝された。曹洞宗が徳川幕府に重んじられた背景には、神道・儒教・仏教の調和を

計った「三教一致」思想の影響が大きく、キリシタン禁教下にあって日本独自のアレンジが加えられた曹洞宗は諸国で受容された。

徳川家康が関八州を領した際に宗教ブレーンとして頼った僧が大中寺の建室宗寅和尚であったという。

彼は今川義元の叔父で、家康は若い頃から縁故の間柄だと伝わっている。建室和尚は氏豊の由緒と同じく今川義元の兄弟とも叔父とも伝わり、実際にどのような関係性であったのか、仔細の程は定かではない。しかし、今川一門を出自に持っており、徳川将軍家とも深い関係にあったのは確かなようだ。

『傑岑寺充徳川家康書状』

今般於禁中紫衣之出世、誠ニ希有之儀候、向後猶不可有疎意候、

恐々謹言

文禄三年　　　　　　大納言（大納言）

六月十日

傑岑寺

右記は文禄三年（一五九四）建室和尚が、禁中（皇居）において紫衣（高僧に贈られる僧衣）を纏うことを許された（出世した）ことを家康が祝した書状で、家康と建室の関係性を裏付けるものである。

晩年の今川那古野家惣領は今川氏豊・斯波義達娘（氏豊室）・今川氏明・秋月院桂秀・建室宗寅・妙永尼で成り立っていた。惣領家は孫二郎氏明が「本能寺の変」で討たれ、残された妙永尼が寺社で静かに暮らしていた。

伊勢今川氏（今川名越）の足跡

外様衆の格にある伊勢の今川名越氏は戦国期には姿を見せていないが、伊勢神戸（三重県鈴鹿市神戸）に所領を持つ左馬允氏朝の存在が確認することができる。筆者は氏朝の律令的官途名や「氏」の一字などが氏豊（竹王丸）に共通することから、氏豊の息男ではないかと考えている。伊勢今川氏に関してはまだまだ未知数であり、今後の検討課題としたい。

斯波義銀の血縁者

『張州府志』巻十

義統遭レ弑日出奔於那古野信長一信長令レ居二天王坊一弘治元年信長謀使下叔父孫三郎信光興二坂井大膳一講和信光移二清須城一忽起レ兵襲二信友一大膳亡命而去信長急馳到共圍二信友一信友上レ屋森三左衛門攀レ之得二其首一梟二於五條橋一使三義銀還住二清須一擅二威福一其後義銀興二今川義元一協レ心欲レ除信長聞レ之大怒逐二義銀一自領二尾州

『張州府志』巻十には、斯波義銀《しばよしかね》が今川義元に心を協《あわ》せて信長を排除しようとしたという気になる記述が散見する。義銀は幼少から信長に擁立されており、信長が若武衛（義銀）を尊重したので主従関係は良好であった。しかし、この関係性は年代の経過と共に綻びが生じていた。

尾張国内では調略の手は各所に回っており、坂井大膳などの有力者も天文二十四年（一五五五）には織田信友を謀殺した後、駿河の今川義元の下に逃れている。

この勢いは止まらず、弘治三年（一五五七）の春には戸部新左衛門が信長の弟・信勝にまで駿河今川家への内応を計った者がいた。

これらは織田〔弾正忠〕家に仕えていた那古野今川家旧臣（戸部政直・山口教継・山口愛智）らの存在が散見しており、駿河今川家への内通を促して駿河衆（今川氏）の尾張国引き入れを何度か試みていたようである。

愛知郡中南部の勢力が次々と駿河今川方へ呼応していく最中にあって、義銀は信長が駿河今川家に敗れた場合を意識して舵取りをしたのであろう。

幸い義銀は斯波〔武衛〕家は姻関係によって母方叔父が石橋忠義、小舅《こじゅうと》（妹婿）が吉良義安、母方親戚が今川氏豊という関係性に恵まれていた。

『鹽尻』巻之六十五

治部様御家老織田彦五郎をに攻られ御生害なり、信長様治部様の御幼息方を御後見にて、明年四月彦五郎を御退治被レ成、五月十二日、清須阿弥陀寺にて御法事有レ之。此時御幼息岩左衛門并御舎弟方御叔父津川弥太郎どの、今川殿御後室御焼香、其跡に上総介様大和守様焼香、石橋左馬殿、三河吉良の使者などは晩に御参と承り申候。岩左衛門殿御成人右兵衛佐殿と申、御弟御両人、津川右衛門佐殿、玄蕃殿と申候

『塩尻』によれば、天文二十四年／弘治元年（一五五五）五月十二日に清須の阿弥陀寺で斯波義統《よしむね》の法事が執り行われた際、今川氏豊の妻室（氏秋の生母・義統の妹）が幼い斯波義銀に代わって津川義良と共に喪主を務め義統の追善供養を行っている。

この供養には戸田荘の石橋〔左馬頭〕義忠が参列し、三河の吉良義安も使いを送っている。今川（藤枝）氏秋がこの場に居たかは判然としないが、生母由来の縁もあり斯波義銀・石橋忠義・吉良義安らと接点を持っていた。

足利一門筋の四者は何れも血縁で繋がった親戚筋であるから、駿河の今川義元の権勢がいよいよ尾張国へと伸びる中、今川那古野殿を尾張国内へ引き入れる働きに対して同調したとも考えられる。

斯波義銀・石橋忠義らに従った海西郡荷之上・鯏浦《うぐいうら》（愛知県弥富市）の一向宗門徒《いっこうしゅうもんと》服部〔左京亮〕友貞は今川義元への手合いとして武者船（軍船）を千艘ばかり出航させ、海上を蜘蛛の子を散らすかの如く大高の下港黒末河まで乗り入れていた。

しかし、戦いで義元が討たれてしまったので引き上げ、戻り様に熱田湊へ船を寄せて町口に火をかけるなどしている。

今川孫二郎の存在

『信長公記』御殿之内ニ而討死之衆　条

森乱、森力、森坊、兄弟三人、小河愛平、高橋虎丸、金森義入、菅屋角蔵、魚住勝七、武田喜太郎、大塚又一郎、狩野又九郎、薄田興五郎、今川孫二郎、落合小八郎、伊藤彦作、久々利亀、種田亀、山田彌太郎、飯河宮松、祖父江孫、柏原鍋兄弟、針阿彌、平尾久助、大塚孫三、湯浅甚介、小倉松壽、御小姓衆懸り合討死候也。

『甫庵信長記』

小々姓ニハ、森亂丸・同力丸・同坊、兄弟三人、小川愛平、金森義入、魚住勝七、今川孫次郎、狩野又九郎、薄田興五郎、落合小八郎、伊藤彦作、久々利亀、山田彌太郎、飯河宮松丸、種田亀、柏原鍋丸兄弟、祖父江孫丸、大塚彌三馬廻ニハ大塚又一郎、平尾平助、針阿彌

織田家内部では信長小姓衆に今川孫二郎の存在を確認する事ができる。「孫二郎」の名に関しては若干の表記揺れがあり、『甫庵信長記』は「孫次郎」と記し、『明良洪範』巻十は「孫治郎」、『塩尻』巻九十八は「孫四郎」としている。（本稿では「孫二郎」に統一する。）

何れも信長の近衆（小姓衆とも）の一員として天正十年（一五八二）六月二日「本能寺の変」で明智光秀方の軍勢によって討ち取られている。

『明良洪範』

（前略）名古屋を落て上方へ登られしは天文元年二月十一日の事也、其子孫治郎氏明は信長に仕えて天正十年六月二日本能寺にて戦死せり

『塩尻』巻九十八

○今川左馬介氏豊尾州名古屋城主なりの男今川孫四郎氏明童名は太郎といふ天正十年六月二日信長の味方にて本能寺に於て戦死す

『明良洪範』や『塩尻』『尾張人物志略』曰く「本能寺の変」で信長小姓として明智方と戦い討ち死にした今川孫二郎は今川氏豊の子氏明と同一であると紹介している。

少なくとも江戸時代中期の国学者・天野信景らは孫二郎が今川氏豊の系譜であると認識していたのは確かである。

天野信景が『尾張人物志略』や『塩尻』などの著述で「氏明」の存在を「孫次郎」に比定

している事である混乱も起きていた。

同記によれば孫二郎（氏明）は少なくとも天文元年（一五三二）までに生まれている筈であるから、当時那古野城から京都へ逃れていたのであれば、どんなに若くても「本能寺の変」においては五十歳を超えていた筈である。小姓に年齢制限がある訳ではないが、今川孫二郎は森乱丸兄弟らと同時期に出仕している事から、信長の小姓衆としては若干の違和感が生じている。

このため、深田正韶《ふかだまさつぐ》、中尾義稲《なかおよしね》、岡田啓《おかだひらく》らは『尾張志』で氏明＝孫二郎は名古屋生まれではないのではなかろうかと疑問を呈している。このような経緯から氏明と孫二郎の出生年を考慮すると、孫二郎は同系譜であるのならば、氏豊の孫（氏明の子息）と考えた方が自然ではないかということである。筆者の個人的見解としては孫二（次）郎は伊勢の今川氏の仮名である「次郎」が含まれていることから、那古野今川氏の分流たる伊勢今川氏を出自に持っていたのではないかと考えている。

「桶狭間の戦い」後、今川氏明の息男とされる孫二郎はどのようにして織田家への出仕したのであろうか。

『兼山記』の記述によれば、孫二郎の同僚である森成利（乱丸）兄弟が信長に出仕したのが、天正五年（一五七七）五月のことであるから氏明の出仕も凡そはその頃であろうと推定される。

『信長公記』によれば天正三年（一五七五）三月十六日「今川氏真御出仕、百瑞帆御進上、已前も千鳥の香炉、宗祇香炉御進献の處、宗祇香爐御返シ、千鳥の香爐止置せられ候き、今川殿毬を被遊の由被及聞食」とある。

駿河惣領家の今川氏真が上洛し、相国寺で父・義元の仇敵にあたる織田信長に謁見し、香炉の献上と合わせて氏真自ら蹴鞠を披露したという。

孫二郎の織田家出仕はこの頃が有力であり、天正三年の織田・今川両家の和解に要因があったと考えられる。天正年間に柳之丸（那古野）城主の子・今川氏明が織田信長の側で仕えていたという事実からは、近衆に今川那古野氏を取り立てているということを内外に知らしめる権威的意味合いも含まれていたかも知れない。

今川氏真としても信長の懐に孫二郎の存在が居るのは、天下の動静を強かに探る意図もあったかも知れない。

那古野今川氏の系譜と思わしき人物たちは、その後は平穏に暮らしたと考えられる。

あとがき

三河国（愛知県三河地方）を母体としていた今川氏は駿河国・遠江国（静岡県）など東国方面に進出し本貫地を移した。その長い事績の中で南北朝時代に今川仲秋や今川法珍（直忠）が尾張守護職についたことから尾張国（愛知県尾張地方）にも深い地縁ができていた。

那古野の今川氏の歴史は天文七年（一五三八）頃まで続いていたことから、直接的な係争原因とはならずとも、二十二年後の永禄三年（一五六〇）五月に起きた「桶狭間の戦い」に至るまでの尾張情勢の変遷史として理解しておく意義はあるだろう。

永禄年間頃の今川氏の西進については、今川氏庶流である三河国の関口氏と尾張国の那古野氏が駿河今川家とどの程度連携・関与を図っていたかは「桶狭間の戦い」における重要な鍵を握っている可能性があり、今後の検討課題としたい。

また、筆者は那古野今川氏研究において伊勢今川氏（伊勢の今川名越氏）の存在に注目しており、また何れかの機会にその存在を明らかにしたい。

本書を書き上げるにあたって多くの関係者のご協力があった事を、ここに記し、感謝を申し上げたい。

氏戸佳香

主要参考文献

『愛知県史　資料編9〔中世2〕』愛知県史編さん委員会編集
『愛知県史　資料編10〔中世3〕』愛知県史編さん委員会編集
『愛知県史　資料編14〔中世・織豊〕』愛知県史編さん委員会編集
『掛川市史　資料編（古代・中世）』掛川市史編纂委員会
『今川名越家ー誕生と滅亡ー』（東海中部歴史家連盟）：氏戸佳香

参考著書（順不同・敬称略。）

横山住雄．（一九六九）．『城（五十）』所収「那古野城の興亡」．東海古城研究会．

同．（一九九三）．『織田信長の系譜～信秀の生涯を追って～』．教育出版文化協会．

同．（二〇十二）．『織田信長の尾張時代』．戎光祥出版
菊池浩之．（二〇一八）．『織田家臣団の謎』．角川選書
奥野高広．（一九八八）．『織田信長文書の研究〈下巻〉』．吉川弘文館．

同．（一九八八）．『織田信長文書の研究〈上巻〉』．吉川弘文館．

柴裕之．（二〇二〇）．『織田信長：戦国時代の「正義」を貫く』．平凡社．

下村信博．（二〇〇〇）．『織豊期の政治構造』所収「勝幡系織田氏と尾張武士-愛知郡戸部の水野氏の事例-」．

同．（一九九九）．『研究紀要 第二十三巻』所収「足利将軍家石橋氏と尾張国戸（富）田荘」．名古屋市博物館．

同．（一九九五）．『研究紀要 第十九巻』所収「中世今川那古野氏再考」．名古屋市博物館．

同．（一九九五）．『中世史研究 第二十号』所収「近世名古屋城築城以前の尾張那古野について」．中世史研究会．

同．（一九九六）．『戦国・織豊期の徳政』．吉川弘文館．

同．（二〇一四）．『研究紀要 第三十七巻』所収「戦国期尾張国における織田氏の拠点形成と地域社会」．名古屋市博物館．

同．（二〇十四）．『日本歴史 通巻七九二号』所収「史料散歩「名古屋合戦記」の再検討」．日本歴史学会．

小和田哲男．（一九九一）．『国際情報人 信長』．集英社．

同．（一九九二）．『古城』第三十六号（創立二十周年記念号）所収「今川名児耶氏の研究」．静岡古城研究会．

同．（一九八三）．『駿河今川一族』．新人物往来社．

同．（二〇〇〇）．『今川氏の研究（小和田哲男著作集第一巻）』．清文堂出版．

同．（二〇〇一）．『今川氏家臣団の研究（小和田哲男著作集第二巻）』．清文堂出版．

同．（二〇〇一）．『争乱の地域史（西遠江を中心に）（小和田哲男著作集第四巻）』．清文堂出版．

同．（二〇〇一）．『武将たちと駿河・遠江（小和田哲男著作集第三巻）』「清文堂出版．

同．（二〇〇九）．『今川氏とその時代─地域研究と歴史教育』．清文堂出版．

同　　　　　（二〇〇四）『今川義元：自分の力量を以て国の法度を申付く』ミネルヴァ書房．
同　　　　　（二〇〇二）『戦国城下町の研究（小和田哲男著作集第七巻）』．清文堂出版．
同　　　　　（二〇十五）『駿河今川氏十代－戦国大名への発展の軌跡－』．戎光祥出版．
川添昭二．（一九八七）．『日本歴史 第四六四号』所収「北条氏一門名越（江馬）氏について」．吉川弘文館．
同　　　　　（一九八八）．『今川了俊（人物叢書）』．吉川弘文館．
今谷明　　　（一九八〇）．『言継卿記―公家社会と町衆文化の接点』．そしえて．
佐藤進一　　（一九六七）．『室町幕府守護制度の研究〈上〉南北朝期諸国守護沿革考証編』．東京大学出版会．
小島広次　　（一九六六）．『今川義元（日本の武将 三十一）』．さっぽろ萌黄書店．
黒田基樹　　（二〇一九）．『今川氏親（中世関東武士の研究第二十六巻）』．戎光祥出版．
同　　　　　（二〇一九）．『今川氏親と伊勢宗瑞：戦国大名誕生の条件』．平凡社．
同　　　　　（二〇十七）．『北条氏康の妻 瑞渓院』．平凡社．
同　　　　　（二〇二一）．『図説 享徳の乱』．戎光祥出版．
黒田基樹編．（二〇一九）．『今川義元とその時代（戦国大名の新研究）』．「戎光祥出版．
有光友学　　（一九八四）．『今川氏の研究（戦国大名論集 十一）』．吉川弘文館．
家永遵嗣　　（一九九五）．『室町幕府将軍権力の研究』．東京大学日本史学研究室．

黒沢脩．（一九八七）．『駿河の戦国時代』．明文出版社．

今川氏研究会編．（一九七七～）．『駿河の今川氏』．

戦国史研究会．（二〇二〇）．『論集 戦国大名今川氏』．岩田書院．

小川信．（二〇十九）．『足利一門守護発展史の研究（新装版）』．吉川弘文館．

藤本元啓．（二〇〇三）．『中世熱田社の構造と展開』．続群書類従完成会．

丸島和洋．（二〇二一）．『東日本の動乱と戦国大名の発展』．

大石泰史．（二〇一九）．『シリーズ・中世関東武士の研究 第27巻 今川義元』．戎光祥出版．

同．（二〇一七）．『今川氏年表（氏親・氏輝・義元・氏真）』．高志書院．

大塚勲．（二〇〇八）．『今川氏と遠江・駿河の中世』．岩田書院．

同．（二〇一七）．『今川一族の家系』．羽衣出版．

谷口雄太．（二〇一九）．『中世足利氏の血統と権威』．吉川弘文館．

同．（二〇二一）．『〈武家の王〉足利氏‐戦国大名と足利的秩序‐』．吉川弘文館．

木下聡．（二〇十五）．『管領斯波氏（シリーズ・室町幕府の研究１）』．戎光祥出版．

同．（二〇十八）．『室町幕府の外様衆と奉公衆』．同成社．

新修名古屋市史編集委員会．（一九九八）．『新修名古屋市史 第二巻』．名古屋市：名古屋市．

< 著者略歴 >

氏戸佳香（うじと よしか）

愛知県名古屋市生まれ。中世史研究を対象とした郷土研究者
東海中部歴史家連盟所属

主要著書

令和三年（2021）11 月 7 日『室町幕府奉公衆・那古野今川氏の「謎」』
令和四年（2022）6 月 22 日『那古野今川家の軌跡～「桶狭間の戦い」に至る道～』
令和五年（2023）3 月 20 日『今川名越家 - 誕生と滅亡 -』
令和六年（2024）3 月 20 日『名越流北条氏』

那古野今川の興亡

令和七年（2025）3 月 5 日　　第 1 刷発行

著者　氏戸佳香

編者　吉川知孝

発行　白天堂
郵便番号四六八 - 〇〇〇三
愛知県名古屋市天白区鴻の巣二丁目一一〇六番地

印刷・製本　シナノ書籍印刷株式会社
郵便番号一七一 - 〇〇一四
東京都豊島区池袋四 - 三二 - 八

ISBN978-4-911398-00-5